# 英语教学与文化融合

臧 庆 著

北京工业大学出版社

图书在版编目（CIP）数据

英语教学与文化融合 / 臧庆著． — 北京 ：北京工业大学出版社，2020.12（2021.11 重印）

ISBN 978-7-5639-7749-9

Ⅰ．①英… Ⅱ．①臧… Ⅲ．①英语－教学研究－高等学校 Ⅳ．① H319.3

中国版本图书馆 CIP 数据核字（2020）第 247944 号

## 英语教学与文化融合
YINGYU JIAOXUE YU WENHUA RONGHE

| | |
|---|---|
| **著　者：** | 臧　庆 |
| **责任编辑：** | 李倩倩 |
| **封面设计：** | 点墨轩阁 |
| **出版发行：** | 北京工业大学出版社 |
| | （北京市朝阳区平乐园 100 号　邮编：100124） |
| | 010-67391722（传真）　bgdcbs@sina.com |
| **经销单位：** | 全国各地新华书店 |
| **承印单位：** | 三河市明华印务有限公司 |
| **开　　本：** | 710 毫米 ×1000 毫米　1/16 |
| **印　　张：** | 12 |
| **字　　数：** | 240 千字 |
| **版　　次：** | 2020 年 12 月第 1 版 |
| **印　　次：** | 2021 年 11 月第 2 次印刷 |
| **标准书号：** | ISBN 978-7-5639-7749-9 |
| **定　　价：** | 45.00 元 |

版权所有　翻印必究

（如发现印装质量问题，请寄本社发行部调换 010-67391106）

## 作者简介

臧庆，博士，副教授，国际级和国家级外语考试主考官，美国加利福尼亚州州立大学和加拿大英属哥伦比亚大学访问学者。长期从事高校英语教学和研究工作，多次在各级教学比赛中获奖。主持并参加了多项省部级科研及教改项目，在各类核心期刊发表多篇论文，主编、参编多套教材。

# 前　　言

　　学习语言离不开文化，了解文化也离不开语言。语言和文化是水乳交融的，文化蕴含在语言中，语言又能体现文化的厚重，二者融为一体。

　　当今，英语作为世界通用语，在国际事务交往中发挥着越来越重要的作用。而如何更好地学习英语，了解我国与外国之间的文化差异尤为重要。本书结合中国英语教学的实际情况和具体的特点，从大学英语教学中西方文化导入的角度入手，就文化融合展开探讨。

　　全书共六章。第一章为语言与文化，主要阐述了关于语言、关于文化、语言与文化交融等内容；第二章为中西方文化差异分析，主要阐述了中西方饮食文化的差异、中西方社会文化的差异、中西方交际文化的差异等内容；第三章为文化对英语教学的影响，主要阐述了大学英语教学的现状、文化差异对英语教学的影响、多元文化对英语教学的启示等内容；第四章为英语教学中的文化教学，主要阐述了文化教学的重要性、英语文化教学的目标与内容、英语文化教学的策略分析等内容；第五章为英语教学中的跨文化交际能力，主要阐述了跨文化交际能力的内涵和跨文化交际能力的培养等内容；第六章为英汉文化差异下的英语教学改革，主要阐述了英汉文化差异下英语教学改革的措施和英汉文化差异下英语教学的发展趋势等内容。

　　为了确保研究内容的丰富性和多样性，作者在写作过程中参考了大量理论与研究文献，在此向涉及的专家学者表示衷心的感谢。

　　最后，限于作者水平，加之时间仓促，本书难免存在一些疏漏，在此恳请同行专家和读者朋友批评指正！

# 目 录

## 第一章　语言与文化 ...... 1
第一节　关于语言 ...... 1
第二节　关于文化 ...... 19
第三节　语言与文化交融 ...... 33

## 第二章　中西方文化差异分析 ...... 49
第一节　中西方饮食文化的差异 ...... 49
第二节　中西方社会文化的差异 ...... 54
第三节　中西方交际文化的差异 ...... 56

## 第三章　文化对英语教学的影响 ...... 65
第一节　大学英语教学的现状 ...... 65
第二节　文化差异对英语教学的影响 ...... 71
第三节　多元文化对英语教学的启示 ...... 73

## 第四章　英语教学中的文化教学 ...... 97
第一节　文化教学的重要性 ...... 97
第二节　英语文化教学的目标与内容 ...... 99
第三节　英语文化教学的策略分析 ...... 110

## 第五章　英语教学中的跨文化交际能力 ...... 127
第一节　跨文化交际能力的内涵 ...... 127
第二节　跨文化交际能力的培养 ...... 148

## 第六章 英汉文化差异下的英语教学改革 …………………………………… 169
### 第一节 英汉文化差异下英语教学改革的措施 ………………………… 169
### 第二节 英汉文化差异下英语教学的发展趋势 ………………………… 178
## 参考文献 …………………………………………………………………… 183

# 第一章　语言与文化

　　语言是文化的主要载体，是文化存在的物质表现形式。文化的形成和表达离不开语言。语言是一种文化现象，其本身也是文化的一部分，语音、词汇、方言和习语都与本民族的文化有着千丝万缕的联系。语言作为文化的载体是反映文化的。语言是文化最忠实的记录者，它不但记录文化内容，还记录人类文明的发展史。本章分为关于语言、关于文化、语言与文化交融三部分。主要内容包括：语言的概念、语言的本质、语言的特点、文化的概念、文化的本质等方面。

## 第一节　关于语言

### 一、语言的概念

#### （一）语言的定义

　　语言是人类最重要的交际工具，是人们进行沟通交流的主要表达方式。人们借助语言保存和传递人类文明的成果，语言是民族的重要特征。各个民族都有自己的语言，如汉语、英语、法语、俄语、西班牙语、阿拉伯语等。其中，英语是世界上的主要语言，也是联合国的工作语言；汉语是世界上使用人口最多的语言。根据德国出版的《语言学及语言交际工具问题手册》的内容可知：现在世界上已经查明的语言有5651种。在这些语言中，有1400多种还没有被人们承认是独立的语言，或者是正在衰亡的语言。

　　语言的英文单词是Language，语言是人们交流思想的媒介，它必然会对国家政治、经济、社会、科技、文化本身产生影响。语言这种文化现象是不断发展的，其现今的空间分布也是过去发展的结果。根据其语音、语法和词汇等方面特征的共同之处与起源关系，我们可以把世界上的语言分成多个语系，每个语系包括数量不等的语种，这些语系与语种在地域上都有固定的分布区，很多文化特征都与此有密切联系。由此可知，语言是指生物同类之间由于沟通需要而制定的具有统一编码解码标准的声音（图像）信号。

语言又是符号系统，语言是人类的创造。许多动物也能够发出声音来表达自己的感情或者在群体中传递信息，但是这只是一些固定的程式，不能随机变化。语言就广义而言，是一套共同采用的沟通符号、表达方式与处理规则，符号会以视觉、声音或者触觉方式来传递。严格来说，语言是指人类沟通所使用的自然语言。一般人都必须通过学习才能获得语言能力，语言学习的目的是交流观念、意见、思想等。语言学是从人类研究语言分类与规则而发展出来的，研究语言的专家被称为语言学家。当人类发现了某些动物能够以某种方式沟通后，就诞生了动物语言的概念。电脑诞生之后，人类需要给予电脑指令，这种"单向沟通"就成了电脑语。

## （二）语言的分类

### 1. 语言的种类

语言的种类：对话语言、独白语言、书面语言、内部语言。就大脑来说，语言分为"脑语"和"嘴语"。脑语就是我们时时在大脑里产生，并称作"思考"或"思想"或"思维"的东西；脑语被嘴表达出来就叫"嘴语"。脑语和嘴语并不是一个东西。第一，脑语和嘴语在表达时会失真；第二，嘴语不是脑语的唯一表达方式，因为脑语还可以通过肌肉群来表达，这个肌肉群就是我们的行为。语言是一个人能力的重要表述部分，语言分为第一语言和第二语言。一个人从小通过和同一语言集团的其他成员（如父母、亲属、周围的人们）的接触，自然学到并熟练运用于交际和思维过程中的语言是第一语言。本族语言或母语一般说都是个人的第一语言，也是主要语言。人出生后，首先掌握和使用的语言，叫第一语言。第二语言专指本国内非本族语言，在全世界范围内，第二语言往往是和第一语言同时被使用的。

语言的谱系分类法也叫发生学分类法，是语言分类法之一。它根据语言间的亲属关系，将语言分为若干个语系，语系之下又按亲属关系的远近分为若干个语族，语族之下分为若干个语支，语支之下是语种。

依谱系分类法分出的语系，由具有共同历史来源的语言组成，如汉藏语系、印欧语系等。同一语系内，按各语言之间亲属关系的远近，可分为若干语族，同一语族可再按关系远近分为若干语支。如印欧语系分伊朗语族、日耳曼语族、罗马语族、斯拉夫语族等。斯拉夫语族又分东斯拉夫语支、西斯拉夫语支、南斯拉夫语支。由于世界语言十分复杂，语系的划分在语言学家的研究中也不尽一致，因此名称也不尽相同。

2. 世界七大语系

19世纪，欧洲的比较学派研究了世界上近一百种语言，发现有些语言的某些语音、词汇、语法规则之间有对应关系，也有些相似之处，他们便把这些语言归为一类，称为同族语言。由于有的族与族之间又有些对应关系，他们便把这些不同族且有对应关系的语言又归在一起，称为同系语言。这就是所谓的语言间的谱系关系。世界上主要的语系有七大类，其中印欧语系是最大的语系，下分印度语族、伊朗语族、日耳曼语族、拉丁语族、斯拉夫语族、波罗的语族等。印度语族包括梵语、印地语、巴利语等，伊朗语族包括波斯语、库尔德语、普什图语等，日耳曼语族包括英语、德语、荷兰语、斯堪的纳维亚半岛各主要语言，拉丁语族包括法语、意大利语、西班牙语、葡萄牙语和罗马尼亚语，斯拉夫语族包括俄语、保加利亚语、波兰语，波罗的语族包括拉脱维亚语和立陶宛语。汉藏语系下分汉语语族和藏缅语族、壮侗语族、苗瑶语族等，包括汉语、藏语、缅甸语、克伦语、壮语、苗语、瑶语等。阿尔泰语系下分突厥语族、蒙古语族、通古斯语族三个语族。突厥语族包括土耳其语、乌兹别克语、维吾尔语、哈萨克语、阿塞拜疆语和楚瓦什语等，蒙古语族包括蒙古语和达斡尔语等，通古斯语族包括满语、锡伯语及俄罗斯境内的埃文基语。闪含语系又称亚非语系，下分闪米特语族和含语族，前者包括阿拉伯语、希伯来语等，后者包括古埃及语、豪萨语等。德拉维达语系又称达罗毗荼语系，印度南部的语言都属于这一语系，包括比哈尔语、泰卢固语、泰米尔语、马拉雅兰语等。高加索语系这一语系的语言分布在高加索一带，主要的语言有格鲁吉亚语、车臣语等。乌拉尔语系下分芬兰语族和乌戈尔语族，前者包括芬兰语、爱沙尼亚语等，后者包括匈牙利语、曼西语等。此外还有一些语系，如非洲的尼日尔-刚果语系、沙里-尼罗语系（尼罗-撒哈拉语系）、科依散语系，美洲的爱斯基摩-阿留申语系以及一些印第安语系，大洋洲的马来-波利尼西亚语系和密克罗尼西亚语系（也有将两者合称为南岛语系的），中南半岛的南亚语系。需要指出的是，世界上有些语言从谱系上看不属于任何语系，如日语、朝鲜语等，就是独立的语言。那么，这些不同的语言和语系是怎样起源的呢？同一语系语言的居民共同体又是怎样形成的呢？不同语系及其居民之间是否在远古彼此就有联系呢？全世界数十亿人所说的成千上万种语言是否有一个共同起源呢？这些问题在过去是无法被准确回答的。但是近20多年来，随着分子生物学、人类群体遗传学和考古学、语言学的发展，我们终于看到了解开这些"世纪之谜"的希望的曙光。这是各门科学相互渗透、新的研究方法和研究手段不断进步的结果。

除此之外，还有九大语系的说法：第一种语系是汉藏语系；第二种语系是印欧语系；第三种语系是阿尔泰语系；第四种语系是闪含语系；第五种语系是乌拉尔语系；第六种语系是高加索语系；第七种语系是南岛语系；第八种语系是南亚语系；第九种语系是达罗毗荼语系。此外，还有非洲和美洲的一些语言和一些系属不明的语言。

### （三）语言的用途

语言有表达和传达两种功用。语言的最原始的形式和某些其他种类的行为没有什么大的区别。这个说法不仅适用于语言的初级形式，而且在诗歌特别是歌曲中，感情和知识也是用同样的手段来表达的。我们可以把音乐看作一种感情脱离知识的语言，而电话簿却只告诉人信息（知识）而不表达感情。但是日常语言通常都包含这两种因素。传达不限于告诉人知识，命令与疑问必须包括在内。有时两者几乎不能分开。

语言有两种互相关联的优点：第一，它是社会性质的；第二，它为思想提供了共同的表达方式，这些思想如果没有语言恐怕永远不会被别人知道。如果没有语言或者某种先于语言而近似语言的东西，我们对于环境的认识就会局限于我们自己的感官所告诉我们的知识，加上那些我们天生的身体构造赋予我们的推理方法；但是有了语言的帮助，我们就能知道别人所说的话，还能说出在感觉上已不属于现在而只存在于记忆中的东西。如果我们看见或听到某种未被同伴看见或听到的事物，我们常常可以用单词"看"或"听"，或者通过手势来让他知道这件事。我们可以通过发出大家都听得见的声音把本身只有自己知道的记忆表示出来。如果没有语言，那么我们可以传达给别人的东西就只有大家具有相同感觉的那一部分生活，而且这一部分生活也只能传达给那些由于环境条件而能共有这些感觉的人。

语言的功能主要分为社会功能和思维功能两方面，其中社会功能包括信息传递功能和人际互动功能。语言是思维工具和交际工具，它同思维有密切的联系，是思维的载体和物质外壳以及表现形式。语言是符号系统，是以语音为物质外壳、以语义为意义内容的音义结合的词汇建筑材料和语法组织规律的体系。语言是一种社会现象，是人类最重要的交际工具，是进行思维表达和传递信息的工具，是人类保存认识成果的载体。语言具有稳固性和民族性。语言是人类的创造，只有人类才会把无意义的语音按照各种方式组合起来，使之成为有意义的语素，再把为数众多的语素按照各种方式组合成话语，用无穷变化的形式来表示变化无穷的意义。人类创造语言之后又创造了文字，文字是语言的视觉形式，文字突破了口语所受的空间和时间的限制，能够发挥更大的作用。

## 二、语言的本质

语言是人与人之间的一种交流方式，人们彼此的交往离不开语言。尽管通过文字、图片、动作、表情等可以传递人们的思想，但是语言是其中最重要的，也是最方便的媒介。然而世界各地的人们所用的语言各不相同，彼此间直接交谈是困难的，甚至是不可能的。即使是同一种语言，还有不同的方言，其差别程度也不相同。有的方言可以基本上相互理解，有的则差别极大，好像是另一种语言，北京人可能听不懂广东话就是一个很好的例子。不仅在不同的地区有不同的语言和方言，就是在同一地区，不同的社会阶层、不同年龄的人之间都会用特殊的词汇来表达独特的感情，使另一阶层或另一年龄段的人难以理解。如美国的黑人，他们虽然也使用英语，但是他们说的英语有自己的特点，甚至被称为"黑人英语"。

在一定的语言环境条件下，通过了解某种语言，可以促进我们自身对其他多种语言和方言的有效学习和了解。但对原语言以及方言来说，其口音是不好改变的，无论如何改变，都可能会留下原本的语言口音。对于了解语言的人来说，他们是可以通过区分对比了解说话者的生活地点和身份的。

语言属于文化的主要组成部分，如果没有语言的话，是不好产生文化的。只有保证语言的存在和发展，才能促进文化的代代相传。语言是人们保持生活方式不变的主要方式，在大部分文化集团当中，都有内部的独特语言。语言也是在特定的环境中，为了生活的需要而产生的，所以特定的环境必然会为语言打上特定的烙印。另外，语言是人们交流思想的媒介。因此，它必然会对一个国家和一个民族产生影响。语言这种文化现象是不断发展的，其现今的空间分布也是过去扩散、变化和发展的结果。所以，只有把语言摆在时空的环境里，我们才能全面地、深入地了解其与自然环境及人文环境的关系。

### （一）语言的起源和产生

语言的起源大致可以分为神授说、人创说、劳动创造说。

1. 神授说

神授说认为语言是神赐予人类的学说，其代表观点有两个。第一，印度婆罗门教的《吠陀》中记载：语言是神赐予人类的一种特殊能力；第二，中国苗族的传说：山神创造了人，并传授了语言。神授说的实质：在当时科学文化水平极其低下的条件下，人们无法解释语言这种奇妙的现象是如何产生的，因此只得归之于神的恩赐。

2. 人创说

人创说认为语言是人自己创造的，不是神赐予的，代表观点主要有五个。第一，摹声说：语言起源于人类对外界各种声音的学习。这种观点只能解释摹声词的产生，无法说明人类语言的起源问题。第二，社会契约说：语言起源于人们彼此的约定。这种观点注意到了语言的社会属性和语言符号的任意性，但无法解释没有语言的情况下人们是如何彼此约定的。第三，手势说：在人类使用有声语言之前曾经历过多个手势语言的阶段。这种观点无法解释手势语言是如何发展为有声语言的。第四，感叹说：人类的有声语言是从抒发感情的各种叫喊声演变来的。这种观点无法解释叹词是如何发展成具有理性意义的其他词语的。第五，劳动叫喊说：人类的有声语言从人的劳动叫喊声发展而来。这种观点注意到语言起源和劳动的关系，但无法解释劳动号子是如何发展为语言的。人创说的实质：这些观点都是主观思辨的产物，缺乏科学的理论依据。

3. 劳动创造说

劳动创造说认为语言的起源必须具备三方面条件：第一，人类的思维能力要发展到一定水平，应该能够对客观世界的事物进行分类和概括，要具有一定的记忆和想象力，还要具备一定的判断和推理能力，只有具备了这些心理条件，才有可能产生语言；第二，人类要具备一定的生理条件，人类的喉头和口腔声道必须进化到能够发出清晰的声音，才有可能产生有声语言；第三，人类社会有了产生语言的必要，人类社会必须发展到"彼此间有些什么非说不可的地步了"，具备了这样的社会条件，才有必要产生语言。语言起源的这三个必要条件缺一不可，而创造这三个条件的是人类的劳动。恩格斯关于语言起源的观点："语言是从劳动中并和劳动一起产生的……"劳动提出了产生语言的社会需要，为语言的产生提供了心理和生理上的条件；劳动也改善了原始人的发音器官，为语言的产生提供了必要的生理条件。应该说恩格斯对语言起源问题的论述已经相当全面了。

语言的产生是指人们通过语言器官或手的活动把所要表达的思想说出或写出来，其包括说话和书写两种形式。语言产生的单位主要有：音素、音节、语素、词、短语、句子。语言产生可以分为不同的阶段。如：构造阶段，主要根据目的确定要表达的思想；转化阶段，主要运用句法规则将思想转换成语言的形式；执行阶段，主要将语言形式的信息说出或写出。

**（二）语言的本质研究**

对于语言的本质问题来说，相关研究文献比较多，且包含多种哲学家的多种观点，总体来说，主要有三大观点。第一大观点：语词的所有意义是私人的思想。第二大观点：语言不仅是形式系统，还是人类的社会活动。第三大观点：语言是人类大脑的主要组成成分。三大观点反映的语言性质侧面是不同的，虽然都具有一定的合理性，但还不够全面。下面主要站在哲学的角度上明确分析语言的本质问题。

1. 语词意义是私人的思想

对于人类语言是否是个人的或私人的语言问题，二十世纪后期有许多哲学家很感兴趣。英国哲学家洛克认为"私人语言说"是成立的。洛克尽管未明说"语言是私人的"，但他提出并发展的意义理论有如是后果：语言是私人的或个人的。根据马丁尼奇的归纳，洛克的观点可按"三段论"表达推断如下：语词的一切意义就是思想，大前提：一切思想皆是私人的结论，语词的一切意义是私人的。洛克是支持上述小前提的，因为在他看来思想或想法是唯一可充当意义的东西。既然人们必须知道他们所用词语的意义，既然人们所知的唯一事物是思想，那么语词的意义就一定是思想。因此，洛克不认为意义要么是世界上事物的特性，要么是其他人心里的想法。他说："人不可能使自己的语词成为事物特性的符号或者另一个人心目中的概念的符号，而他自己对此却茫然无知。"原因很简单，假如说话人试图要使自己的词语表示物质对象的或其他人心中的事物，那他用自己的词语所表达的就会是自己无所知的东西（因为人们所了解的一切都是本人的思想）。因而说话人使用的"他自己不知意思何在"的所谓符号，实际上是虚无的、毫无意义的符号。

但洛克的（私人语言）意义理论使人们的交际成了问题。既然说话人看不见听众的心灵脑海，又无其他途径进入，那么他就无法知晓其交际是否成功。其实任何理性的说话人都承认他们有时可以确定其交际意图是成功的。因此，许多学者不赞同洛克的关于语言的私人本质论，洛克将语言打上"私人性"烙印，认为语词的意义就是思想，而且是说话人心目中的思想，这只涉及语言能表达思想的功用这一个方面，明显是不全面的。从哲学角度看，到底是否存在一种私人语言呢？有人认为可能有私人语言。英国语言分析学派哲学家艾尔则认为：在通常意义上说，不可能存在私人语言；但是从原则上说，没有理由证明它不应该是活的语言；仅仅一个人或几个人能够理解它这个事实纯粹是偶然的，就像在理论上任何密码都应该能被破译一样，任何一种私人语言都能得到更广泛的理解；这种私人语言来源于公共语言，且是由公共语言派生出来的，就算存在不被派生的私人语言，它们也能被翻译为公共语言。因此，只要有一定数量的人能够翻译它们，或者无法翻译但可以理解它们，它们就不再是私人语言。

2. 语言是符号形式系统和人的社会活动

另一种关于语言本质的观点，是将语言定义为符号形式系统，即把意义指派给某些类型的声音串或符号串，这一形式系统有序地把句子跟意义联系起来，这些联系可表征为由语句与意义（即可能世界的实在信息集合）所组成的整齐配对体，路易斯赞同这样的语言观点。还有一种相关的观点认为，语言是一种属于人类自然史的一部分的社会现象，是人类活动的一个领域，在此领域中，人们讲着成串的话，或者使用着可以铭记的字符串，并以思想或行动应答着所观察到的、已经产生的声音或字符。这种观点与奥地利哲学家维特根斯坦的相像：维氏曾指出，语言是一种社会现象，其中，话语引发人们的行为，使人们能够理解彼此的信念与愿望。路易斯认为以上两种语言观（符号形式系统与社会活动）可互为表里，相互结合，统于一体，于是他提出一种涵盖两种主张的综合观点：把语言形式系统当作人们交际的工具。这种交际完全可能实现，只要一定的语言社区成员都遵守两种约定，即真实与诚实。例如，说出陈述性断言的人会尽量说实话，听者也相信说者会说实话；而说出祈使句的人相信听者会视语句为真，并且听者也会这样做。美国德克萨斯大学奥斯汀分校的马丁尼奇教授评价道：路易斯的研究将维特根斯坦和英国哲学家奥斯汀的语言观、逻辑学及许多语言学家的形式主义观念有效结合了起来，这种努力取得了非凡的结果。

总体看来，路易斯的语言观点似乎很接近奥斯汀的"言语行为"理论的三个基本观点，这三个基本观点是，以言陈事、以言行事、以言成事。可以说路易斯的语言观点几乎可以跟"以言行事行为"画等号。可是人类的语言远不止于"用言语做事"，不止于如路易斯所谓的通过遵从语言中的诚实和信赖来从事社会活动。这只是语言的多种作用之一，语言还可用于记事，进行数字演算、作诗等，这些都不属于（常规的）社会活动或社会交流。

3. 语言是大脑的组成成分

众所周知，美国著名学者诺姆·乔姆斯基是语言生物学观的倡导者。按乔氏的观点来看，语言就是人脑的一种组成成分，语言学属于脑科学分支。据此，语言是客观存在体,关于语言的各种理论的真伪性,有如探索任何科学理论的真伪性一样富有意义。乔姆斯基提出:语言能力(官能)是人脑的一个组成部分,这个部分专用于语言知识学习和语言使用;一种语言其实就是一种语言能力,是大脑结构的一部分。正如美国杰出的商业哲学家杰米所言,儿童能轻而易举地学会母语这一奇迹只有在乔姆斯基关于人类语言能力的普遍特征是人脑天赋特征这一生成语言学假说下才能得到解释,英语、芬兰语、日语等诸语言之间表面存在的区别,不同于这些语言的说话人大脑的区别,如果形象地说,比如以天使的眼光看,所有人类的语言都是相同的。从远处看,语言之间(如英语和日语)表层存在的差异其实是微不足道的。至于英语、芬兰语、日语属于不同的"语言"的普通观念并没有得到任何科学验证。一种(所谓)语言(区域)与另一种之间不存在显著的区别。临近荷兰边界的(德国)居民说的德语,附近的荷兰人(操荷兰语者)要比遥远地区的德国人(操德语者)更容易理解。这样的现象似乎证明了乔姆斯基的观点的合理性:就所有人类语言而言,存在着一种普遍语法,它是每个正常人大脑的一个组成成分。

语言是一种规则系统,在这种规则系统中,语言的多种规则和解读都是受普通语法规定限制的,是以普遍语法为条件的。这些规则包含的内容比较多,不仅有非语境约束规则,还有词汇规则,另外还有转换规则、语音规则等。乔姆斯基认为,作为规则系统的语言观念显然要比视语言为习惯系统或社会活动的语言观念更具有能动性或创造性。这种新观念很快使得许多过去被忽视、从未被考察的语言事实被发现,且通过提供规则解释,有大量的语言现象变得更明了清晰。比如,语言规则一般都准允动词的直接宾语用作其主语(尽管仍理解为宾语),反之则不行。又比如,致使结构受制于普遍语法原则。然而,根据规则做出的解释存在诸多局限,即便这些规则系统能从类型上加以控制:因为人们总想弄清楚为什么只有这样的而没有那样的规则,如上述主语、宾语变位和致使结构变化等非对称现象。因此,从20世纪60年代初至20世纪80年代中期历经二十多年的探索,语言研究学者使生成语法理论研究实现了放弃规则分析法、选择普遍语法原则方案的方法论转变。这样,由相关规则的选择引起的问题便不复存在。如乔姆斯基所说:由于语言规则不同于存在于心理表征当中而实现为行为的句子,我们没有理由相信存在常见的形式规则,这样的规则没有语言学理论价值,不进入大脑计算系统,所以大可放心地放弃这样的规则。普遍语法原则似乎不能轻易地解决除词汇选择外生成语法意义上的问题,普遍语法只允许唯一的语言实现。因为语言种类有很多,词类表现也各不相同。在英语或西班牙语中,动词、介词置于宾语前,形容词置于名词前。名词、动词、形容词、介词叫作词汇语类。普遍语法的普遍原则确定由这些词语做中心词的短语类型；词项本身确定这些中心词的数和范畴（语类）；短语结构的普遍原则制约中心词位置的选择问题等。例如，英语选择将中心词一律放在补足语前，即选择中心词参数的"中心词前置参数值"；而在日语中，动词、介词、形容词、名词都置于补足语后，因而日语选择"中心词后置参数值"。此外，还有一系列其他选择，取决于抽象格位和语义角色的赋值取向。

  根据乔姆斯基的说法，我们必须处理一个至关重要的而且是易说明的事实：一个人的知识大都不是来自已有的证据或经验；各参数值的设定是由儿童所知晓的简单语料类型确定的，丰富复杂、表达清晰的知识系统是在语言官能的初始阶段就确定了的；各种语言有可能不同，但它们产生于相同的铸模。这样的话，语言（即第一语言）本身可以被看作不外乎一套根据普遍语法的准允条件对各种参数所做的选择的排列。就拿"核心语言"来说，它只是有限地存在着一些供选择的可能语言排列。对于一个会说并能理解一种语言的人来说，他的知识就是关于该语言(即第一语言)的词汇和参数值的特定组合。由此可见，从语言是"规则系统"到"原则与参数方案"，这是生成语法发展中巨大的观念转变，这一变化引起了利用新材料开展实证研究的大的飞跃，获得了重大的研究成效。

  但有一种可质疑天赋语言或生物语言观点（语言为大脑的组成成分）的办法是怀疑乔姆斯基的"天使观点"：从天使的角度（即远处）看问题，人类语言可归为同一性。这样的话，人类与大猩猩或许是毫无差别的，但实际情况则不然。还可追问的是，为什么从"天使"角度看问题的观点要优于近距离观察的观点？再进一步说，如果真的就像乔姆斯基所说有一个普遍语法，且人类的语言机制本来都是一样的，那么我们都使用相同的语言交流岂不更加方便？但为什么世上会出现那么多种不同的语言？复而再问，儿童习得语言真的不受后天经验和环境影响吗？可是越战时期的一个被弃婴儿由美国家庭抚养长大后，他（她）习得的是英语却非越南语。这说明人脑中语言的初始状态跟后天习得的语言本身没有直接联系。这种与生俱来的所谓语言初始状态与其说是普遍语法或语言能力，不如说是人大脑中的智力机能或装置。既然迄今尚未发现人脑中管理或控制语言的生物组织，便没有足够理由把语言当作大脑中实在的组成成分。如果按语言"天使观"，即所有人类语言都是同质、同源的语言，不论说哪种语言，如英语、越南语或日语或汉语，反正都是语言，故而得出结论：语言为大脑组织的一部分。那么这无异于说：语言即大脑，大脑即语言。这样的观点显然过于夸大了语言的生物遗传属性，似有偏颇之嫌。

语言到底是什么？对这个问题人们恐怕很难给出完美的答案。本文的上述几种有关语言实质的观点，见仁见智，各有侧重，从广义上看都是合理的，但都不够全面。这是因为：语言不啻表达个人、私人的思想用于社会交流活动；不啻具有符号性和生物属性或"人性"；语言还具备不少其他功能及特性。我们尝试从语言的哲学视角，就语言的本质提出如下总的解答，以供读者参考：语言为人类所创造，语言同时造就了人类；语言是人类自我思想的载体、思维的工具；语言是人类进行交际、从事社会活动的工具；语言具有形式性，表现为声音字符系统；语言具有官能性和生物性，语言知识生长于人脑之中；语言映射现实的世界，折射可能的世界；语言具有私人性而产生思想，语言也具有公共性而产生理解；语言意义依言语所指而定，所指意义依命题真值而言；语言是游戏，言语者在理解、误解、曲解中博弈；语言中有悖论，自称"说谎者"肯定之，自称"不说谎者"否定之。

## 三、语言的特点

### （一）特点

语言是文化的一个重要组成部分，甚至可以说没有语言，也就不可能有文化。只有合理运用语言，才能把文化一代代传下去。语言运用是改善生活状态的重要手段，语言是在特定的环境中，为了生活的需要而产生的。

语言常被认为是人类所特有的一种符号系统，有其独有的特点与功能。正是因为语言具有这些特点，才决定了"语言是人类所特有的"这一本质。具体来说，语言有以下几种特征。

1. 任意性

语言有任意性。语言学家索绪尔曾对此做出解释："能指和所指的关系是任意的。"或者，因为我们所说的符号是能指和所指相连接所产生的整体，我们可以更简单地说："人类行为的一般模式是 S-O-R 模式，即刺激—个体生理、心理—反应，语言之间的差别证明了这一点，世界上存在不同的语言也证明了这一点。"由此可见，任意性是指事物与其名称间无内在的必然联系，这也是同样的东西在不同语言中有不同的表示词的原因。在索绪尔看来，任意性是指不可论证性。

2. 双重性

语言存在一定的双重性。语言属于一个系统，该系统主要包括两层结构：

一个是"音",一个是"意"。针对有限的音来说,在进行音位规则组合之后,就能产生多样化的表意单位,在结合句法规则的基础上,可以加强对这些单位的合理组合、排列,最终形成完整的句子。这也是只有以词为单位的字典,不存在以句子为单位的辞典的原因,词有数,句无数无穷。

### 3. 创造性

语言有创造性。语言的创造性是指语言使用者能理解并产生其从未听过或从未见过的句子。在每天的日常生活及社会活动中,人们都会接收和发出无数信息,很多信息对他人来讲是新的、从未接触过的,但这些信息在被理解、被接收时并未受到阻碍。语言的双重性产生了语言的创造性,使得语言具有极大的表现力和极强的创造力。在这样一个微妙的系统内,人们利用语言的单位和组合规则实现无限的创造,这也是人的语言系统与动物的信号系统最本质的区别之所在。人的无限创造性与动物的有限反应,也可以称之为开放性与封闭性。

### 4. 移位特点

语言有移位特点,即语言能跨越时空障碍,实现信息的有效交流与沟通。通过语言,人们可以谈论现在、过去或虚拟的未来,可以超越自然阻隔,在相距遥远的地方进行交流沟通。

### 5. 文化传递特点

在语言的多个特点中,文化传递特点是比较重要的。比较人和动物可以看出,东西的信号系统是本能的,是生理遗传的。而人的语言是在教与学的过程中传递下来的,是在文化环境条件下产生的。一旦脱离相应的文化传递环境,人类就无法发出美妙的语言,"狼孩"就是明显的例子。换句话来说:语言是通过学习得来的,不是本能化的,也不是遗传得来的。

### 6. 互换性

语言有互换性。从交际角度而言,互换性是指人既可以作为语言信号的接收者,也可以作为信号的发出者进行交际。语言使用者的"听"与"说"、"给"与"得"的角色是可以互换的。

上述6个识别特征的结合,解释了"为什么语言是人类所特有的"这一观点,也使人们对语言的本质有了更进一步的认识。

### 7. 符号性及系统性

首先,语言是社会中约定俗成的表达观念的符号,符号的本质是社会的。它在某种程度上要逃避社会上某一些小集体、小圈子的意识,这是语言最主要的特征。语言是一种社会契约，一个社会接受一种表达手段而排斥另一种表达手段其实质都是社会上的集体意识的习惯。或者可以说，表达方式没有好坏之分，关键是使用哪一种表达方式。语言符号是一种包含着两面性的实体。一方面，语言是表示事物的名称的，所以任何语言都是概念的映像，即具有所指性；另一方面，语言要依托声音这种媒介来表达所指，所以说语言也是声音的映像，声音是语言的另一个侧面，语言具有能指性。

8. 任意性和线条性

所谓的任意性是指：语言符号和文字能指和所指之间是一种任意的连接关系，这种关系是不可论证的，即使有的可以论证，但从普遍意义上讲，还是不可论证的关系。这就是世界上的语言各式各样的原因之一。所谓的线条性是指：语言的能指是依托声音来完成的。所以语言只能在声音空间里传播，而不能突破声音的范围和能力，所以说语言能在横向上依照词语出现的先后顺序来完成，这也造就了语言使用和表达的局限，因此声音的传播局限决定了语言的线条性是不可消除的必然结果。

9. 不变性和可变性

语言是一个处在不断运动和变化过程之中的体系，这个体系中的各个要素既有一定的稳定性，也有一定的变动性。稳定性是语言系统的已存在的前提，也是语言自身被大规模研习使用的必备条件。而变动性不仅仅是作为一个系统的语言内部的不断衍生、发展的规律的体现，而且也是语言的传承性的表现。任何事物都是持续变化和持续发展的，新事物不断产生，旧事物不断消亡，语言也是这样。语言系统的变化虽然不是很明显，速度并不是很快，但是会受到来自社会、文化等很多方面的因素的影响。语言本身正持续向着经济、简练、实用、包容力和表现力强的趋势发展。语言内部的组成部分比较多，且各种组成部分都有多种变化，不仅包括方式上的变化，还包括形态上的变化，且变化速度和程度都存在差异性。但在之前的专业研究当中，我们已经逐渐认识到很多规律，可以对语言变化进行解释和预测。这不但体现了人们对于语言学的关注、探索取得了很多的成就，同时也暗示了语言学的变化性还是有据可依、有规律可循的。

10. 传承性和交际性

从某种意义上来看，语言是人类文化得以传承和储存的主要载体。因此，语言在自身的发展当中会逐步凸显出很强的传承性和交际性。所谓传承性，是指语言以自己的特色吸引或者促使人们在生活生产中自觉、不自觉地通过语言这个工具直接或者间接影响相关的人群,或者涉及其他更广泛的区域,达到传承的效果。

此外,在人类社会发展过程中,语言的存在范围比较广泛。不仅存在于人们之间,也存在古代和现代之间,另外也存在于中国和外国之间;不仅储存了多样化的文化信息,也能促进各国的文化交流与发展。语言本身存在比较强大的交际性功能,由于该功能的存在,人们可以在多样化的交际中自如应对多种变化,进而产生更多的新型语言,产生更多的基于生活生产实际的东西。

## (二)功能

事物的特点决定了事物的功能,特点与功能密不可分,语言也是如此。

### 1. 语言是文化信息的载体

语言是人类保存、传递、领会人类社会历史经验和科学、文化、艺术成就的手段。

### 2. 语言是人认识世界的工具

人们既用语言进行思维,又用语言调节行为。

### 3. 语言是交际方式和交流思想的手段

语言可以负载的信息量几乎是无限的,几乎可以适用一切生活领域,而且只要具有正常的发音生理条件和必备的神经心理条件,就可以自由地使用它。

首先,语言是人与人交流感情和传播信息的中介,人是说话的动物,有说有笑是社会的需要。说话是人的属性之一,是社会的黏着剂,人们利用语言来交流感情和传播信息。日常生活中的问候、分手、谈论等,都是人们交流感情的活动。它是以共同的生活方式和文化传统为基础的,交流范围可以从天气、饮食到风土、爱好、趣闻等,不一而足。它是使一个语言社团的成员具有从属感的基本手段。

除了交流情感,语言还有传播文化的功能。从大的方面讲,社会生活中的民主、政治、经济、文化等都用语言作为中介进行信息传播,保证人们的正常生活。经济和科学的发展也有赖于信息的获得和处理。语言的感情交流功能与信息传输功能不同,就语码而言,交流感情用普通语码即可,传输信息则需要用复杂语码。普通语码为一个语言社团的成员所共有,而复杂语码则需要学习。现代化技术和它固有的语码都属于复杂语码。在某种程度上,人民文化水平的提高是指人民复杂语码运用能力的提高。

人们经常把语言的中介功能细分为7小类：寒暄、指令、传信、疑问、表情、激情、施为。

（1）寒暄

寒暄功能是指人们用语言建立一种气氛，维持社会关系，而不是交流信息或思想。问候、道别、谈天气等都属于此类。如："A nice day, isn't it?" 并不是想告诉听话人天气怎么样，因为双方对天气都是有目共睹的，说此话只是为了在正式谈话前铺垫一种友好的气氛，拉近与陌生人的关系。同样，如有人问你"How are you today"，他并非对你的健康特别关注，而是要维持一种友好的关系。严格地说，这些话语都是不真诚的，但如果就此批评它的不真诚性，则未免失之偏颇，因为语言正是借助这些客套话使人们之间保持友好社会关系、营造良好氛围的。

（2）指令

指令功能是指语言被用来发布命令。在英语中，多种句型具有指令功能，最常见的是祈使句，主要表达强烈的要求或直接的指令。如"Shut the door"；又如"I advise you not to do it"；再如"You ought to finish it in time"。婉转些的指令可用虚拟语气来表达，如"If I were you, I would take it"。指令并非总是要求听话人去做事情，相反，也可以是为听话人提供东西，如"Have a seat" "Come in please" "Have a cup of tea"。

（3）传信

传信功能是指语言被用于告诉听话人一些信息。最常用的句型是陈述句。但信息的真伪不依据说话人的意愿判断，而是依据事实来进行判断的。

（4）疑问

疑问功能是指说话人用语言从他人处获取信息。最常见的是一些需要回答的问句，如"What is this" "Where were you last night" "What do you think of it" "How do you feel now"。这些问题关注听话人的观点、态度、判断及感觉等方面。

（5）表情

表情功能是指语言被用于表达说话人的感情。最常见的句型是感叹句，如："Good heavens!My God"。其他句型有时也有这种功能，如"I'm terribly sorry about it"表道歉；"We are very grateful to you"表感谢；"I didn't expect it's so nice"表惊讶与欣赏。

（6）激情

激情即激发情感，指语言被用来激发起听话人的感情。其目的可能是使听话人高兴、愤怒、惊讶或担忧等。如：笑话用来愉悦听众；广告用来吸引消费者购物；宣传单则用来影响公众观点。显然，表情与激情功能常被一起使用，如：某人表达了自己对一位候选人的感觉后，再激发他人也有同样的感觉。反之，如果要激发他人产生同感，往往必须先表达自己的情感。

（7）施为

施为功能是指语言被用来"做事情"，即行为施事。换言之，随着语言的发出，行为也就生效了。这种功能的使用受三个条件的制约：主语必须是第一人称；时态必须是一般现在时；说话人必须是有权做出此行为的人，场合必须是适宜此行为发生的场合。如：大会主席在会议上说"I declare the meeting open"；法官在法庭上说"I sentence you to ten years in prison"；牧师在结婚典礼上说"I declare you man and wife"。这些都是由适当的人在适当的场合用语言实施的一种行为，都属于语言的施为功能。

反之，如果身份不符、场合不对，即便是同样的话语，也没有施为的功能。语言是人类认知世界和描写世界的工具，语言反映人们对客观世界的认识和反映。如：实词是人对事物的分类（方位、时间、数量、性别、长幼等）；虚词是人对事物及其过程的标记（已经、可是、如果等）。虚词不是对客观世界的反映，而是人对世界认知的结果。语言中的概念词代表前人对世界的概念，后人利用它们去认识自然和社会，如通过"分子、原子"认识物理。语言作为艺术中介，可以充分体现语言的创造力、表现力、感染力，同时也是语言描写世界的体现，如："杨柳依依""雨雪霏霏""采菊东篱下，悠然见南山"。语言认识世界与描写世界的功能有别于语言交流情感和传输信息的功能。后者的差异体现在语码的简与繁、粗与精上，而前者的差异不在语码，因为都是复杂语码，而在表事语域或表情语域。

语言是文化信息的载体和储存文化的容器。语言不仅有交流感情、传输信息的功能，还有认知世界和描写世界的功能，这说明语言是人类基于经验积聚下来的，是存在于语言的记忆库之中的。语言之所以具有这一存储功能，因为人使用语言不限于当时，而且可以存于事后。缘于此，信息的储存、文化的积累才成为可能，人类文明的进化才有了依据。语言的存储功能使得文化的发展速度不断加快，而文化的进步也对语言学习提出了新的要求。随着信息时代的到来和电子科技技术的普及，语言传输的时效性、完整性、便捷性既有了提高，也受到了挑战，而发展的结果是，作为信息载体的语言将产生日益壮大的功能。

通过了解语言的特性和功能，我们可以得知：语言系统是为人类所特有的，且是服务于人类的。语言不仅是信息的主要载体，也是信息的主要媒介。通过认识语言，可以为后期人类处理信息和应用信息奠定基础，也可以从根本上扩大语言功能和增强语言功能，满足不断发展中的人类文明的需求。

## 四、语言思维的界定和性质

长期以来，对于语言思维很难找到一个确定的定义。哲学界一般将抽象思维视为语言思维，认为离开了语言，抽象思维就无法进行。这种界定造成了一个误解：语言思维只能作为工具依附于抽象思维，语言思维不是以一种思维类型而存在的思维，语言思维就是抽象思维。

其实，人类抽象思维的过程及形式有许多共同之处，不同民族的抽象思维的分类方式、概念系统、抽象的表现方式等却存在很多差异，如以英语为母语的民族更多地运用了排列组合、逻辑分析、演绎等思维方式而创造了英语等作为表音的拼读语言，而我们汉民族则更多地依据事物之间的联系及类别，抽象出不同门类的意义、语音符号和偏旁部首，如亻、氵、火、石、王等。这种象形的汉字语言系统既包含语义和语音的感知因素和感知作用，也反映了形象思维的成分，显示了一种独特的抽象思维表现。由此可见，抽象思维虽然借助语言而进行，却与语言体系是两码事。现实情况也是如此，语言思维能力强的人其抽象思维能力也强，但抽象思维能力强的人其语言思维能力未必也强。这个逻辑也可见于其他现象，即：A是B，但B不是A，如某某（A）是人（B），但人不是某某，某某只是人（B）中的一员。根据这个逻辑，也可以说，抽象思维（A）是语言思维（B），语言是抽象思维的外壳，但不能简单地推论语言思维（B）就是抽象思维。

传统语言学的文献中，很难查到关于语言思维的定义。现代语言学与信息学、传播学等许多学科也常常提到语言思维。我国的语言教学中也有教师进行过关于培养学生语言思维的教学实验，外语教学也在讨论外语思维的问题。有趣的是，究竟什么是语言思维，确切的界定很难找到。我们在讨论语言思维的时候，大概都理所当然地认为，语言思维就是指借用语言进行的思维活动，也曾下过类似的定义。但这个定义过于笼统，需要从以下三个方面做出进一步的界定。

第一，语言是抽象思维的外壳或工具，语言自身也是一个能"思"、能"想"的心智活动类型或思维类型，即语言系统也有其自身的运演或运行规律，既有各种思维方式的介入，又受到各种心理活动的影响，但同时还具有特有的活动方式或运行方式。换言之，语言思维是一种完全凭借语言进行的思维活动，是语言体系内部的思维活动，会受到其他的思维类型和心理因素的影响甚至介入，但又有其自身的词语及语义生成以及与概念的合成机制、对客观世界的映射机制；既有绵延不断的句法生成机制或创造机制，又具有其独特的现存的语言系统的运演规律和表现规则。语言思维是人类进化的结果，也是人类文化的积淀，语言思维能力对其他思维类型可发挥积极的推助作用或一定的阻滞作用。

第二，语言思维以语音、词素、词语、语句为基本单位，以表达意义为目的。与概念、推理、判断相映射，但不会完全对应。比如，同样的概念在不同的语言思维中有不同的表现。概念"白"在汉语思维中表现为：围绕基本色调"白"与表达不同程度的词语而构成的许多词语——花白、雪白、灰白、白皑皑等，或用于隐喻——白干、白瞎、白吃等，而在英语思维中则找不到完全与此对应的词，只能以非同类概念中的词语来表达——grey（灰白），或以非隐喻词语来表达——fail（白干，白瞎）。

第三，语言思维可分为母语思维和外语思维。母语思维指母语系统的语言思维活动，外语思维则指各个外语系统的外语思维活动。也有的界定认为："外语思维就是以外语所特有的概念系统来进行认知活动"。还有的定义则是，外语思维是指"在外语使用过程中直接使用外语，而不要经过母语的转换、翻译"。由此也可推出，母语思维是以母语所特有的概念系统来进行认知活动，或直接使用母语进行交流；外语思维是以外语所特有的概念系统来进行认知活动，或直接使用外语进行交流。这几种定义其实都基于对语言思维特质的认可，即语言系统是一个能"思"、能"想"的心智活动类型，语言思维是既不能等同于其他思维类型又与其他思维类型难解难分的一种思维活动。

不同的语言体系具有其独特的语言思维运演规则，并带有不同的民族文化与思维方式的烙印，如汉语语言思维重意义理解，轻表层结构，表达中具象词语多于抽象词语；英语语言思维倾向于意义与结构统一、抽象词语多于具象词语等。不同的语言体系同时又共享语言思维的许多共同点，如语言思维的模糊性、对语境的依赖性、意义预设性等。这些可见于英、汉甚至更多的语言体系中，语言思维的这种民族特性给不同语种的言语交流与转换带来许多问题。认识不同的语言思维的特性，研究语言思维的民族特性带来的交际问题，找到解决这些问题的策略应该是外语研究的重要任务。令人遗憾的是，我们还没有对此给予足够的重视。

由于语言是物质的，具有长度、声音等物质性，那么语言思维同样也是以声音为物质外壳的。语言思维的物质性也说明了为什么在汉语教学中，一些从语音入手来培养学生语言思维的实验能够取得好的效果。

## 第二节 关于文化

### 一、文化的概念

　　文化是一个非常广泛的概念，给它下一个严格和精确的定义是非常困难的。但文化一定有一个特点，有历史，有内容，有故事。不少哲学家、社会学家、人类学家、历史学家和语言学家一直努力，试图从各自学科的角度来界定文化的概念。然而，迄今为止仍没有获得一个公认的、令人满意的定义。笼统地说，文化是一种社会现象，是人们长期创造形成的产物，同时又是一种历史现象，是社会历史的积淀物。确切地说，文化是凝结在物质之中又游离于物质之外的，是能够被传承的国家或民族的历史、地理、风土人情、传统习俗、生活方式、文学艺术、行为规范、思维方式、价值观念等，是人与人交流的、人们普遍认可的一种能够传承的意识形态。

　　人们常说："没文化真可怕！"可"文化"到底是什么呢？是学历，是经历，是阅历？都不是。有学历不代表有文化。文化可以表述为，广泛的知识面和根植于内心的修养。

　　从广义上说，文化属于人类在社会历史发展过程中所创造的物质财富和精神财富的总和。主要包括三大方面的内容：物质文化、制度文化、心理文化。物质文化是多样化的物质文明，这种物质文明是被人们创造出来的，比如服装和日常生活用品等，其属于一种可见的文化和显性的文化。制度文化对应的制度有生活制度、社会制度以及家庭制度。心理文化对应的有人类思维方式、审美价值观以及宗教信仰，这些文化都是隐性的文化，是不可见的。

　　人类所创造的精神财富包括宗教信仰、风俗习惯、道德情操、学术思想、文学艺术、科学技术、各种制度等。广义的文化着眼于人类与一般动物。人类社会与自然界的本质区别在于人类卓立于自然的独特的生存方式，其涵盖面非常广泛，所以又被称为大文化。随着人类科学技术的发展，人类认识世界的方法和观点也在发生着根本性变化。对文化的界定也越来越趋于开放性和合理性。

　　"文化本不属人类所独有，我们应该以更开放和更宽容的态度解读文化。文化是生命衍生的所谓具有人文意味的现象，它是与生俱来的。许多生命的言语或行为都有着先天的文化属性，我们也许以示高贵而只愿意称它为本能。"这段话来自李二和的《舟船的起源》。

狭义的社会是指社会的意识形态以及与之相适应的制度和组织机构。狭义的文化是指人们普遍的社会习惯，如衣食住行、风俗习惯、生活方式、行为规范等。

1871年，英国文化人类学家泰勒在《原始文化》一书中提出了狭义文化的早期经典学说，即文化是包括知识、信仰、艺术、道德、法律、习俗和任何人作为一名社会成员而获得的能力和习惯在内的复杂整体。

文化属于一种意识，不仅和人生有关，也和社会关系相关。文化主要包括三大内容：第一大内容是价值观；第二大内容是社会思想；第三大内容是社会道德。社会经济和政治实践不仅属于文化的重要基础，也属于文化的主要载体，特定的社会经济和政治状况形成相应的文化。关于社会经济政治的思想及由经济政治构成的人生过程的思想认识是文化的主要内容。文化不仅可以起到制约、规范人的意识的作用，还可以起到规范人的行为的作用，另外还是促进社会变革的重要根据和主要先导。

什么是文化？当前众多论者的研究呈现众说纷纭的状况。从文化的外延角度，有人认为，相对于有形物质来说，文化是无形的，是人类的各种精神现象或产物，如思想境界、风俗习惯、伦理道德、知识学问等。另一种观点认为，凡是自然物质以外的一切均为文化，换言之，凡是打上人的或人的社会印记的存在均为文化。还有论者把人类创造的物质财富和精神财富的总和称为文化。梁漱溟也认为文化是人生活所依靠的一切。

这样定义文化，就将科学技术、语言艺术融入了文化中，把社会制度、法律、政策和管理机能等因素都归为文化。这样定义出的文化，几乎等于人生和社会生活的一切。人生和社会生活的一切，确实都体现着文化，文化也都在其中起作用。但不能就此把一切都说成是文化，就像不能把一切都说成是经济或政治一样。虽然文化体现和作用于社会生活的全部方面，但并非社会生活的全部都是文化。彩色电视的色彩是由红、蓝、绿三种颜色组合而成的，但我们不能说所有的色彩都是红色、蓝色或者绿色。而且，红、蓝、绿都可以自成一种颜色，而文化却只有与政治经济相结合才能成为人生和社会生活的一个要素，离开这种结合，文化也就不存在了。以上文化概念外延的广泛性现象，恐怕是由文化内涵的界定差异性造成的。上述文化定义的内涵，要么是人类的全部意识，要么是人的劳动产品，甚至是自然界中的一些事物。从内涵上讲，文化是人本质中"意识"这一要素的集中体现，但不是"意识"的全部，是针对人生与社会关系的意识。至于针对自然物及技能的意识，则属于科学技术和艺术等范畴。

科学技术和语言艺术等也是意识的活动，但意识不等同于文化。科学技术是针对有关自然物的认识而改造的。语言属于文化的主要载体之一，也是人类个人意识的主要表现，但语言和艺术都不是文化本身。语言可以表现人对人生和社会关系的意识，但语言不是文化。无论是科学技术，还是语言艺术，都应该有专业化的科学研究依据，这种科学研究和文化之间存在一种密切关系，但不能直接称它为文化。至于社会制度、法律、政策及社会的管理机能等，属于政治范畴，它们不仅体现着文化，也制约着文化，但与经济一样，并不属于文化的范畴。而个体意识和社会意识主要包括价值观、思想和道德。因此，文化概念在外延上主要涉及价值观、思想和道德三方面。

其中，价值观是指对人生的基本目的、态度以及对自己和别人行为的评价，包括社会价值观和个人价值观。个人价值观是具体实践中的个体主要考虑自己的存在、需要、利益和社会关系等因素而形成的；社会价值规则是在特定历史条件下形成的，带有总体指导性的社会意识，它是个人价值观的集合，又是个人价值观的指导。社会价值观具有总体性、原则性，而个人价值观则是个体的、具体的、实用性的，它是社会价值观的存在形式，直接制约着个人的意识和行为。可以说，人与人的差别，除外形、体质、年龄、性别、技能等，主要就表现在价值观上。价值观不仅属于文化的核心，也属于文化的基本内容，价值观往往体现在人的思想及道德上。思想，不仅是对社会关系的理性化认识，也是对社会发展的理性化认识，其形式多样化，不仅包括哲学和宗教，还包括人文科学和社会科学等。人是在依据个人意识的基础上参与社会活动的，而社会关系也是依靠人的意识来维护和处理的。

社会制度的建立以及社会结构的建立也是以加强社会认识为依据的。思想已经成为社会制度和社会结构的内在因素，对社会制度和社会结构的认识，在某种意义上是对其中体现的思想的认识。也正是由于这一统一性特点的存在，思想才能揭示社会关系，才能规定社会制度和社会结构。尤其是近现代以来，一个国家的社会制度基本上是以法律的形式来界定的，是以政府的政策和行政来维持的，该理论的依据就是有关的社会思想。在明确社会制度和社会结构的基础上，人们进行的经济、政治等一系列社会活动都需要社会思想的指导。当然，社会思想的阶级性和历史阶段性是相当明确的，它是不同阶级利益和意识的集中体现。

道德是针对人的意识和行为的社会规范，它是价值观和思想的具体化，主要包括义务、良心、信誉、幸福等。道德思想还渗透在道德行为、道德品质、道德评价、道德教育和修养等环节中。在社会发展和人的生活中，个体和别的个体之间一定会产生相应的行为关系，且一定会形成相应的道德观念。道德会在一定程度上规范人类的行为,且这种规范是非强制性的,是在依靠社会舆论和民间机制基础上,对人类个人行为制约的规范。道德是在特定历史条件下产生的,道德也属于一种社会意识,它不仅可以直接制约人类的个人行为,还无处不在。

文化概念又称为文化定义,相关研究结果表明,文化定义主要有六种。

第一,描述性定义。其主要包括以泰勒为首的,以及在他影响下强调文化所涵盖内容比较广泛的定义。其中以泰勒的定义为代表,泰勒认为:"文化或文明是一个复杂的整体,它包括知识、信仰、艺术、法律、伦理道德、风俗和作为社会成员的人通过学习而获得的任何其他能力和习惯。"首先,这组定义的特点是把文化作为一个整体事物来概述,因此,几乎所有的定义都包含了"整体"和"全部"等这样的词语。其次,这组定义试图通过列举的方式把文化所涵盖的内容全部包括在内。泰勒是第一个在科学意义上为"文化"下定义的人,他的定义具有经典性。历史特殊论学派的创始人博厄斯曾受到过泰勒相当大的影响,因此,他虽然扩展并改进了泰勒的定义,但并没有真正从泰勒的定义中脱离出来。这组定义的不足之处在于:因为文化是一个相当抽象的概念,所以单靠用列举的方式对其加以定义,是无法涵盖其全部内容的,而且也容易忽略这些定义中没有被提及的构成文化的其他要素。

第二,历史性定义。其主要强调文化的社会遗传与传统属性。其中最具代表性的定义是博厄斯的学生、美国文化语言学的奠基人萨丕尔的定义,他认为:"文化被民族学家和文化史学家用来表达在人类生活中任何通过社会遗传下来的东西,主要涉及物质和精神两方面。"这组定义还包括英国社会人类学家马林诺夫斯基、美国人类学家米德和林顿等人的定义。这些学者从历史角度出发选择了文化的一个特性,即"文化遗传"或"文化传统",来对文化进行阐述。尽管这两个术语在词义上有一些区别,如"遗传"是指接受的东西,即产品;而"传统"是指接受的过程。但它们都是以相对静止或固定的形式来观察和看待文化的。在该组定义当中,还有着另一种富有建设性理论价值的观念,那就是——人类不仅有生物遗传的特性,还有社会遗传的特性。但该组定义过于重视文化稳定性的研究,以及文化对人类所起的过于被动的作用,这样会给人们带来误解,让人们认为,人类不过像美国心理学家、社会学家多拉德所说的那样是"文化传统的被动搬运工",而不是像美国作家西蒙斯所描述的那样:人类不仅是文化的载体和创造物,而且还是文化的创造者和操作者。这是比较严重的问题。

第三,规范性定义,即强调文化是规则与方式的定义。这组定义中的一类定义主要强调文化的规则和方式、属性，其中具有代表性的是美国人类学家威斯勒的定义，他指出："某个社会或部落所遵循的生活方式被称作文化，它包括所有标准化的社会传统行为。"这组定义还包括美国人类学家赫斯科维茨、英国语言学家弗思、美国政治学家拉斯韦尔、美国汉学家西尔斯等人的定义。威斯勒的定义中的"由某个社会所遵循的生活方式"为这一类定义套上了固定的模式。"方式"一词所具有的含义包括：共同或共享的模式、对不遵守规则的制裁、人类活动的社会"规划"。而这一类定义几乎都涵盖了一个或多个这样的内容。从泰勒的"复杂的整体"到威斯勒的"生活方式"，再到美国人类学家、社会学家雷德菲尔德的共同模式的"一个体系"或"组织结构"，这是定义文化过程中的不断发展，因为由"方式"或"模式"所含带的固定格式化意义很容易延伸扩展到文化的整体结构层面上来。这一类定义还同时提到了文化的行为、理想和价值观的问题，可以看出，这几位学者更加强调文化发展进程中规范化思想对行为所产生的动态化作用。

第四，心理性定义。首先，强调文化是调整与解决问题的方法手段的定义。这组心理性定义中的一类定义，主要强调文化是调整和解决问题的方法手段。美国社会学家萨姆纳和瑞士德语作家凯勒的定义指出："人类为适应他们的生活环境所做出的调整行为的总和就是文化或文明。"在这一类定义中，大多数学者都曾直接或间接地受到过萨姆纳的影响。作为美国社会学主导人物的萨姆纳，一直强调"调整"这一概念，他的这一概念非常接近文化人类学家有关文化的概念，只不过范围要狭窄一些。因为他认为"文化"既包括"社会习俗"，又包括"民德"。福特"解决问题的传统方法"的定义源于萨姆纳和多拉德，带有一定的心理学倾向。这一类定义专门提出的"文化是人类为适应外界环境和其他人群所使用的一整套调整方法"是非常有益的，但有些定义只强调这一点，不够完整和准确。文化不但能制造问题，也能为问题解决提供重要依据，这就是为什么文化的"功能性"定义无法让人们满意的根本原因。这类定义忽略了一个重大事实，即文化不仅创造出来需求，且同时明确了相应的需求满足的方法。该组定义还有另一个缺陷：学者只重视了文化存在原因和文化形成由来的问题，却没有重视"文化到底是什么"的问题。

然后，强调"学习"的定义。这是一类强调文化中学习因素的定义，其中包括威斯勒的定义"文化现象被认为是包含所有人类通过学习所获得的行为"；拉皮尔的定义"一种文化是一个社会群体中一代代人通过学习得到的知识在风俗、传统和制度等方面的体现，它是一个群体在一个已发现自我的特殊的自然和生物环境中所学到的有关如何共同生活的知识的总和"。这一类定义还包括美国当代著名文化人类学家本尼迪克特等人的定义。这些学者都竭力强调学习因素在文化中所占据的重要地位，他们的论点几乎都源于心理学中的"学习理论"。美国学者拉皮尔的定义之所以令人感兴趣，是因为他代表了部分学者试图把最早被泰勒提出的一组定义和最新发展起来的心理学中强调学习概念的定义结合在一起而做出的努力。

由于大多数学者都强调文化中"学习"这一非遗传因素的重要性，也因此忽略了文化的其他特性。其实，就广义而言，泰勒早在定义中就指出文化是"作为一个社会的成员通过学习所获得的"，但是以他为首的学者提出的传统定义并没有把学习因素放在首要位置上。其实无论什么种族的人都具有同样的神经系统和生物特征。因此，人们基本的学习过程是相似的。只是针对人类学家来说，他们往往希望由心理学家研究和学习相关的规则，而他们只需要在结合文化现象的基础上明确"学习是什么""学习的来源是什么"以及"学习的最佳时间是什么"等问题。虽然文化行为是在加强学习后取得的一种行为，但这并不代表一切习得行为都属于文化行为，反过来说，学习只是多样化文化特性当中的一种而已。

最后，纯心理性的定义。这包括美国菲尔莱狄更斯大学商学院院长罗海姆的定义"对于文化我们应该理解为是所有升华作用、替代物或反应形成物的总和"，美籍以色列社会学家卡茨和美国学者尚克的定义"社会是指人与人之间和人与他们所生活的物质社会之间的所存在的共同的客观关系。它常与文化概念相混淆，而文化是指人与人之间所存在的态度关系。文化之于社会就如同个性之于生物体。文化概括了一个社会的独特的制度内容。文化是指在一个特定社会环境中发生在个人身上的事情，而这些所发生的事情是因人而异的"。这两个定义不仅从心理学的角度强调文化概念，而且使用了文化人类学和社会学主流思想以外的词语来描述文化。他们分别从心理分析的角度和社会心理学的角度来定义文化。另外值得注意的是，罗海姆似乎是唯一一个试图使用心理分析术语来给文化下定义的心理学家，尽管弗洛伊德也曾偶尔使用"文化"一词，但他并没有取其人类学的含义。"新弗洛伊德派"的德裔美国心理学家和精神病学家凯伦·霍尼、美国精神分析心理学家和人类学家卡迪纳、美国社会学家亚历山大和美国人本主义哲学家和精神分析心理学家弗罗姆等人在使用"文化"一词时也比较随便，并不在意其使用的准确性。

第五，结构性定义。这组定义主要强调文化的模式或结构层面。其中以美国社会学家奥格本和尼姆科夫的定义为代表，他们认为："一个文化包括各种发明或文化特性，这些发明和特性彼此之间含有不同程度的相互关系，它们结合在一起构成了一个完整的体系。围绕满足人类基本需要而形成的物质和非物质特性使我们有了自己的社会制度，而这些制度就是文化的核心。一种文化的结构互相连接形成了每一个社会独特的模式"。这组定义还包括美国结构功能学派的代表人物雷德菲尔德和林顿、库图、克拉克洪等人的定义。该组定义站在新的角度上进行了文化定义深化和优化。文化是以行为为基础的概念模式，也是可以解释行为的概念模式，但文化本质上不属于行为。因此，文化已经和行为的显性相远离，且和文化的可观察性标准相远离，已经成为人们生活当中的主要规划体系。文化虽然属于一种生活规划，但却属于生活本身。文化是可以被人们选择的东西，也是可以引导人们行为的东西，但不是反应本身。通过了解这些内容，可以实现文化和行为概念的分离，将文化从人类活动概念当中抽象出来，而文化概念本身是存在一定选择性的，且这种特性是潜在的。

第六，遗传性定义。首先，强调"文化是产品或人工制品"的定义。这组遗传性定义涉及的内容比较多，其中美国学者福尔瑟姆的定义最具代表性，他指出："文化不是人类自身或天生的才能，而是人类所生产的一切产品的总和，它包括工具、符号、大多数组织机构、共同的活动、态度和信仰。文化既包括物质产品，又包括非物质产品，它是指我们称之为人造的，并带有相对长久特性的一切事物。这些事物是从一代传给下一代的，而不是每一代人自己获得的。"这组定义还包括英国路透社创办人路透、美国政治学家亨廷顿、美国人类学家默多克等人的定义。这些学者虽然在定义中都提到了文化的其他特性，但他们的重点都放在了文化的遗传特性上，这与强调文化传统或遗传的一组定义很类似，但下这组定义的学者强调的是文化遗传的结果或产品。这组定义主要来自社会学家，所以他们在定义中常常使用"人类社会生活的结晶"和"人类相互作用的产品"这类典型的社会学术语。这组定义还提出了一个重要的问题，即文化这一抽象概念的重心所在。在定义中，有的学者强调文化的效果方面，有的学者偏重文化对人的头脑所产生作用的结果，还有学者的则提出能否把文化作用的结果从环境中分离出来的问题。这些都是我们在研究文化问题时反复出现并值得我们认真思考的问题。

然后，强调观念的定义。这一类定义强调文化的观念因素，其中包括美国社会学的创建者沃德的定义"任何人如果愿意的话，他可以把文化说成是一种社会结构，或是一个社会有机体，而观念则是它的起源之地"；美国心理学家奥斯古德的定义"文化包括所有关于人类的观念，这些观念已传入人的头脑中，而且人也意识到它们的传入和存在"。这组定义还包括美国学者布卢门撒尔、福特和贝克尔等人的定义。从这组定义中可以看到，一些学者把"观念"看作文化中更重要的因素。有位学者曾经说过："严格地说，没有所谓的'物质'文化。一口锅不是文化，而文化是'锅'这一人造产品背后所隐藏的观念。"这组定义站在了文化定义研究的最前沿，因为它提出了一些文化人类学家必须面对的问题。而且这些学者试图从"风俗""形式"和"规划"这些相对比较松散的概念中抽取其最核心的概念，即所谓的观念，这就把文化概念从过去较低的层面提升到了一个较高的层面。

最后，强调符号的定义。这组强调文化中符号因素的定义，其中包括戴维斯的定义"文化包括所有的思维和行为模式，这些思维和行为模式是通过交际而相互作用的，即它们是通过符号传递方式而不是由遗传方式传递下来的"；还包括被誉为美国新进化论学派的代表人物的怀特的定义，其中的一条是"文化是一组现象，其中包括物质产品、身体行为、观念和情感，这些现象由符号组成，或依赖于符号的使用而存在"。这组定义与强调价值观的定义有一定的联系，因为"符号"具有价值观赋予外界特定事物以意义的内涵。一些学者认为，人与其他生物真正的区别不在于人是理性动物，也不在于人是能创新文化的动物，而在于人是使用符号的动物。如果这一观点是正确的，那么在给文化下定义的过程中，就会涉及"符号"的概念。但至今只有极少的学者在他们的文化定义中提到"符号"的概念，这是一个值得我们思考和探究的问题。

## 二、文化的本质

### （一）文化的要素

#### 1. 精神要素，即精神文化

精神要素，即精神文化，主要指哲学和其他具体科学、宗教、艺术、伦理道德以及价值观念等。其中尤以价值观念最为重要，是精神文化的核心。精神文化是文化要素中最有活力的部分，是人类进行创造活动的动力。没有精神文化，人类便无法与动物相区别。价值观念是一个社会的成员评价行为和事物以及从各种可能的目标中选择合意目标的标准。这个标准存在于人的内心，并通过态度和行为表现出来，它决定人们赞赏什么、追求什么、选择什么样的生活目标和生活方式。同时，价值观念还体现在人类创造的一切物质和非物质产品之中。产品的种类、用途和式样，无不反映着创造者的价值观念。

#### 2. 语言和符号

不管是语言还是符号，都有一个性质，那就是表意性。在人们的实际交往和生活当中，语言和符号能起到促进人类交流的作用。语言和符号也属于文化积淀以及文化贮存的主要手段。只有在依赖和应用语言、符号的基础上，才能促进人类的正常交流和沟通，才能使得人们主动创造文化和创造物品。在文化创造过程中，必须依靠语言以及符号的反映。通过应用语言以及符号促进社会生产和社会发展，创造多样化的社会文化和经济文化，是人类特有的一种属性。

3. 规范体系

"规范"是人们行为的准则。有约定俗成的准则，如风俗等；也有明文规定的准则，如法律条文、群体组织的规章制度等。各种规范之间互相联系，互相渗透，互为补充，共同调整各种社会关系。"规范"规定了人们活动的方向、方法和式样，规定了语言和符号使用的对象和方法。"规范"是人类为了满足需要而设立或自然形成的准则，是价值观念的具体化。"规范体系"具有外显性，要想了解一个社会或群体的文化，首先必须认识这个社会或群体的规范。

4. 社会关系和社会组织

社会关系是上述各文化要素产生的基础，生产关系是各种社会关系的基础。在生产关系产生的基础上，又会产生各种各样的社会关系。这些社会关系既是文化的一部分，又是创造文化的基础。社会关系的确定需要一定的组织保障，社会组织是产生社会关系的实体。一个社会要建立诸多社会组织来保证各种社会关系的实现和运行。家庭、工厂、公司、学校、教会、政府、军队等都是保证各种社会关系运行的实体。社会组织包括目标、规章、一定数量的成员和相应设备，既包括物质因素，又包括精神因素。社会关系和社会组织紧密相连，都属于文化的重要组成部分。

5. 物质产品

被人们改造和完善的自然环境，以及被人们创造出来的所有物品，都属于文化的有形部分，比如器皿、服装、建筑物等。在这些物品上，都融入了人们的观念意识、生存需求以及生存能力等。

## （二）文化的分类及层次

根据文化的结构和范畴，文化可分为广义的文化和狭义的文化两大概念。广义的文化即大写的文化（Culture），狭义的文化即小写的文化（culture）。

加拿大心理学家汉科特·汉默里曾把文化分为信息文化、行为文化和成就文化。信息文化指一般受教育本族语者所掌握的关于社会、地理、历史、等方面的知识；行为文化指人的生活方式、实际行为、态度、价值等，它是保证人们成功交际的重要因素之一；成就文化指艺术和文学成就，它是传统的文化概念。

文化本身存在一定的多样性，也存在一定的复杂性。因此，我们无法赋予文化清晰的分类标准，而对于文化的具体分类来说，也往往是站在某个角度上进行的，可以说是一种新的尝试。

对文化的结构解剖，有两分说，即分为物质文化和精神文化；有三层次说，即分为物质、制度、精神三层次；有四层次说，即分为物质、制度、风俗习惯、思想与价值；有六大子系统说，即物质、社会关系、精神、艺术、语言符号、风俗习惯。

对于文化来说，主要可分为两种，第一种属于生产文化，第二种属于精神文化。在生产文化当中，科技文化比较常见；在精神文化当中，生活思想文化比较常见。不管是什么文化，都可以被应用到人类的生活和实践中，没有不被生活所用的文化，且不管哪种文化，都包含关于人类生活和生存的相关内容，不仅有理论内容和生存方式的内容，还有生活理念以及认识的内容。

有些人类学家将文化分为三个层次：高级文化，包括哲学、文学、艺术、宗教等；大众文化，指习俗、仪式以及包括衣食住行、人际关系各方面的生活方式；深层文化，主要指价值观的美丑定义、时间观念、生活节奏、解决问题的方式，以及与性别、阶层、职业、亲属关系相关的个人角色。高级文化和大众文化均植根于深层文化，而深层文化的某一概念又以一种习俗或生活方式反映在大众文化中，以一种艺术形式或文学主题反映在高级文化中。

广义的文化包括四个层次：一是物态文化层，由物化的知识力量构成，是人的物质生产活动及其产品的总和，是可感知的、具有物质实体的文化事物；二是制度文化层，由人类在社会实践中建立的各种社会规范构成，包括社会经济制度、婚姻制度、政治法律制度，以及政治、宗教社团及教育、科技、艺术组织的规范等；三是行为文化层，以民风民俗形态出现，见之于日常起居动作之中，具有鲜明的民族、地域特色；四是心态文化层，由人类社会实践和意识活动中经过长期发展而形成的价值观念、审美情趣、思维方式等构成，是文化的核心部分。心态文化层可细分为社会心理和社会意识形态两个层次。

文化哲学把文化结构区分为物质文化、制度文化、精神文化三个层面。物质文化的实质是在生产活动中所创造的全部物质产品，以及创造这些物品的手段、工艺、方法等；制度文化是精神文化的外显，对象化为物质文化的中间环节，是深层文化心理结构在规范层次上的定位或体现，是人们为反映和确定一定的社会关系并对这些关系进行整合和调控而建立的一整套规范体系；精神文化也称为观念文化，以心理观念和理论形态存在的文化，不仅包括存在于人心中的文化心态、文化心理、文化观念、文化思想、文化信念等，还包括已经理论化、对象化的思想理论体系，即客观化了的思想。

## （三）文化的本质分析

文化的本质到底是什么？这个问题始终困扰着人们，且无法得到解答。通常来说，被人类创造出的物质文明以及精神文明之间的总和，就是文化。在这种文化实质的理解的基础上，就像进行一次深入的思考，最终引入人们的社会实践问题上。事实也是如此。在"人"与"文化"之间是存在一种对应关系的，且这种关系是相互塑造的关系：人的本质问题的理解不能与"文化"研究相脱离，不能脱离"文化"这对象性活动的结果，同样的道理，如果想要明确"文化是什么"这个问题，也不能与人类的社会实践活动相脱离。从这里可以看出，人属于文化的存在形式，而文化的本质在于"人化"。

文化作为人的一种对象性活动，其合理性的内容表达必然是对人的本质以及人的主体能力的证明，文化既是破解人性之谜的锁钥，又是破解人类社会生活之谜的锁钥。在人的全部实践与文化活动中，实践代表了人的最本质方面，是人类文化的最终基础和源泉。人的实践活动怎样，就形成怎样的文化世界。人的文化必然有人类性，它是人类精神的自我确证。这诚如马克思所指出的，人的社会生活在本质上是实践的，实践作为文化创造的动力，一方面通过其实践结果（物质文明与精神文明的总和）表征着文化的基本内涵，另一方面在其社会实践过程中也确证了主体自身。马克思曾认为，文化构成了一种生产形式或生命活动所制约的生命表现方式，人的生产方式"不仅应当从它是个人肉体存在的再生产这方面加以考察。它在更大程度上是这些个人的一定的活动方式，表现他们生活的一定形式和生活方式。个人怎样表现自己的生活，他们自己也就怎样"。这里，马克思特别强调，广义的文化是植根于人的内在生命的人类群体相对稳定的行为方式。

文化根源于人的物质，即精神需要，是人自我超越本性的体现。所以，文化必然具有无限扩张的特性，它作为人类社会交往和人际沟通的象征符号系统，作为弥散于特定人群的文化心态和氛围，必然以十分丰富的形式对应于人的一切创造活动，并以思维方式、意识形态、风俗习惯、情感方式等形式体现出来。为此，马克思曾十分明确地揭示过人的生产实践活动与具体文化形式的内在联系，他指出："宗教、家庭、国家、法律、道德、科学、艺术等，都不过是生产的一些特殊的方式，并且受生产的普遍规律支配。"

马克思已经把文化的特殊形式如宗教、法律、道德、科学和艺术等看作生产活动的外化和对象化，它们是由实践决定的，人的实践活动的本性同文化活动的特性是一致的。马克思还指出："我们看到，工业的历史和工业的已经产生的对象性存在，是一本打开了的关于人的本质力量的书，是感性地摆在我们面前的人的心理学。"人类的历史就是生产实践的历史，也就是人类的文化史，这一文化的历史是一本记载和确证人的本质力量的书，这本书随着人类实践与文化活动的进展不断地概括和展示着人的全部本质特征。总之，人作为文化的存在，唯有通过文化才能体现其本质特性，人与动物界的区别，人的需求、能力和发展程度等都在文化世界中反映出来。而文化的本质是"人化"，人的自我完善欲求主导着人的各种文化追求。

人创造了文化，文化反过来塑造了人。人是文化的主体，任何文化实践创造活动都是人的活动，文化的发展规律就是人的活动的发展规律。人通过实践一方面将自身把握为与自然相对立的主体，另一方面又创造了个只属于自己的文化世界。人在文化世界的丰富化过程中，感受到的不只是对自我现实境遇的肯定，同时也是对人的未来世界的可能的展望，并在这对未来世界的憧憬中赋予了对象世界更为崭新的文化意义。

## 三、文化的特征

文化的一般特征主要有以下几种。

### （一）文化是共有的

文化属于一种社会性产物，这种产物是人们共同创造出来的。因此只有被社会全体人员接受和认可的产物才能被称为文化，文化属于一种私有化的物质。那些不被社会群体接受的东西不属于文化，比如个人怪癖等。

### （二）文化是后天习得的

文化不是先天的遗传本能，而是后天习得的经验和知识。例如，男生、女生不是文化，"男女授受不亲"或"男女恋爱"才是文化。前者是遗传的，后者是习得的。文化涉及的各方面的内容，包括语言、习惯、风俗、道德、科学知识、技术等，都是人们后天习得的。

### （三）文化的辩证综合与创造

关于中国文化建设的具体道路，"五四运动"以来众说纷纭。概括说中国文化的发展道路有三条：第一是故步自封，因循守旧，以大国自居，自以为高明，这是没有前途的；第二是全盘西化，完全抛弃固有的文化传统，这是不应该的，也是没有前途的；第三是主动吸收世界的先进文化成就，同时保持民族文化的独立性，发扬固有的优秀传统，创造本国的新文化，争取与发达国家并驾齐驱，这才是有前途的。中国文化的发展问题主要涉及三大研究派别，主要包括自由主义的全盘西化派、保守主义的儒学复兴派、马克思主义的"综合创新"派。这三派是"年代文化讨论"中三个最主要的思想派别，其中"综合创新"派的主张可谓独辟蹊径。这一主张不仅有辩证法的世界观、方法论的支持，而且也是先进的中国人长期缜密思考的结果。在新文化运动的洗礼下，中国的马克思主义者也相继提出了古今中西文化辩证综合的思想。要想促进中国文化的长期发展，必须实现古代文化和现代文化的有效融合，也要把外国的优秀文化融入本国文化体系中。

在同个文化系统当中，存在的要素是比较多的，不仅存在相容的要素，也存在不相容的要素。对于相容的要素来说，它们是无法分离的，是存在相互作用和相互促进关系的，是保证文化系统稳定性的主要机制。对于不相容的要素来说，它们是可以分离的，前者隐伏着导致系统崩溃的契机，后者则可以成为代之而起的新系统的要素。这不仅是它们相对独立的基础条件和重要根据，也是它们相互促进和融合的重要根据。正是基于这样的认识，马克思主义文化派不仅对东方文化优越论持反对态度，也对全盘西化论持反对态度，主张兼取中西文化之长，创造新的中国文化。

无论是中国古老的文化系统，还是西方文化系统，以及其他民族的文化系统，我们都应该进行科学分析。对于当代中国两个文明建设有益的就"拿来"，无益的就舍弃，有害的就加以批判肃清。这样就能够像百川汇海一样，吸纳各个文化系统的优点，建立古今中西文化的互补结构。这不仅是优化的组合，而且是创造性的工作。通过落实这样的工作，中国固有文化一定可以实现质的飞跃。

### （四）文化的自我延续与自我更新

任何一个民族的文化都具有自我延续和自我更新这两种机能，但是，唯有文化心态健全的民族才能做到不断调适，以求得稳定与发展、静态与动态、延续与更新的辩证统一，使得"文化生命之树"生生不息、枝繁叶茂。文化的自我延续是相对稳定的经济、政治生活在文化形态方面的表现；文化的自我更新是文化生命运动正常进行的需要，它是必然变迁的经济、政治生活在文化形态方面的反映；而经济、政治生活之绝对变动性与相对稳定性的统一，就决定了文化形态自我延续与自我更新的统一。

中国传统文化之所以富于魅力并引起世人的赞叹,不仅在于它历史悠久、绵长古老,更在于它能够在内忧外患中表现出顽强的再生能力。中国文化史上依次出现了先秦诸子哲学、两汉经学、魏晋玄学、隋唐佛学、宋明理学、清代朴学,文学上依次出现了汉赋、唐诗、宋词、元曲。中国传统文化发展序列如此一脉相承、连续完整,而又善变更新、形态各异,表现了中华文化生命自我延续与自我更新的高度统一。但到了近百年,却出现了一些问题。古老的中国从传统文化中继承下来的价值观念、思维方式、行为规范等,与现代文化观念发生了激烈的冲突。

例如,现代社会的网络结构同传统的封建传统观念的冲突;贯穿于网络型社会结构之中的平等原则同传统文化中等级观念的冲突;现代社会民主法制的要求同传统文化中人治主义的冲突;个性全面发展与共性消融个性的群体原则的冲突;物质利益原则与道德中心原则的冲突等。这种情况表明,在自然经济、农业宗法社会中积淀起来的中国传统文化,将肩负自我更新、再造人文的历史使命。

### (五)文化的自我认同与对外适应

无论哪个国家、哪个民族,在具体的文化发展过程中,都会产生相应的矛盾运动。从一个角度上说,要维护本族的文化传统,要凸显出本民族的特色;从另一个角度上说,要不断吸收外来文化完善本国文化体系。我们可以认为这种矛盾运动是"认同"和"适应"之间的矛盾。要想消除该矛盾,必须从"认同"和"适应"两大方面入手分析。先要进行民族文化认同研究。斯大林说:"民族是人们在历史上形成的一个有共同语言、共同地域、共同经济生活以及表现于共同文化上的共同心理素质的稳定的共同体。"从这里可以看出,不管哪一个民族,都有和其他民族不同的地方。文化传统属于民族长时间积累的财富,且这种财富属于精神财富,是促进民族不断发展的基础和条件。由此可见,大力弘扬文化传统十分有必要,不仅可以增强民族自信心和自尊心,还能培养民族自强精神。有传统文化作为基础,各个民族在面对历史挑战的时候,都有动力去迎接挑战、解决问题,让民族重获新生。

### (六)文化是一个连续不断的动态过程

文化既是一定社会、一定时代的产物,是一份社会遗产,又是一个长时间连续的积累过程。每代人都出生在一定的文化环境中,并且自然地从上一代人那里继承了传统文化。同时，每一代人都根据自己的经验和需要对传统文化加以改造，为传统文化注入新的内容，抛弃那些过时的、无用的内容。

### （七）文化具有民族性和特定的阶级性

一般文化是从抽象意义上讲的，现实社会只有具体的文化，如古希腊文化、罗马文化、中国古代文化、中国现代文化等。具体文化受到诸多条件的制约，其中主要受自然环境和人们社会物质生活条件的制约。如：有石头，才有石器文化；有茶树，才有饮茶文化；有客厅和闲暇时间，才会有欧洲贵族的沙龙文化。文化具有时代性、地区性、民族性和阶级性。自从民族形成以后，文化往往是以民族的形式出现的。一个民族的人使用共同的语言，遵守共同的风俗习惯，需要培养共同的心理素质和性格，这些都是民族文化的表现。在分裂为阶级的社会中，由于各阶级所处的物质生活条件不同、社会地位不同，各阶级人们的价值观、信仰、习惯和生活方式也不同，文化差异问题较严重。

### （八）文化是由人类进化过程中衍生出来或创造出来的

文化不是自然存在物，是人类长时间加工制作出来的。如：吐痰不属于文化，而吐痰入盂就是一种文化；水不属于文化，而水库属于一种文化；石头不属于文化，而石器属于一种文化等。

## 第三节 语言与文化交融

### 一、语言与文化的关系

语言与文化的关系长期以来备受关注。19世纪德国语言学家洪堡特认为，一个民族的语言就是他们的精神，一个民族的精神就是他们的语言，语言与文化有重合关系。社会语言学家哈德逊认为，语言完全包括在文化之中，语言与文化之间有一种交叉关系。邢福义等认为，语言属于制度文化层次，语言与文化有一种包孕关系。陈建民曾经把语言和文化比作一张皮的两面，他曾说："语言与文化是一张皮，不是毫无联系的两张皮，对这张皮，我们可以从这一面看看，也可以翻过来从那一面看看，即进行语言和文化关系的双向交叉研究。"不管是把语言与文化的关系描述成重合、包含还是交叉，可以肯定的是语言与文化密不可分。目前，人们对语言与文化之间的关系已达成以下共识：语言是文化的组成部分，是文化的载体，对文化起着重要作用；文化是语言的底蕴，语言不能超越文化而独立存在。

语言也属于一种典型的社会现象，不同的语言代表着不同的文化。虽然之前相关学者对语言和文化的关系进行了探讨，认为两者关系密切，对应的是交叉关系和重合关系，但还需要加强对语言中文化和文化中语言和各种作用方法的研究和探讨。语言是文化的载体之一，语言可以将文化的多种要素融入自身当中，并使各种要素在自身当中体现，最终成为语言当中的文化折射。同样，语言的起源与生成、结构与形式、使用与演变都要受到多种文化因素的影响，且这种影响程度是不同的，成为文化中的语言映射。语言作为一种载体，不是与文化相分离的，而是受文化环境条件影响的，属于一种特殊的文化现象。语言和文化是相互交融和交织的关系。语言接触对应的就是文化接触，是语言负载的文化的接触与融合。以语言接触为媒介的文化融合必然体现在语言中，属于语言接触的过程。语言接触的过程属于文化融合的过程。

语言接触和加强文化融合，不仅可以让我们更加深入地了解本族文化，还可以让我们了解异族文化，让我们在明确不同民族文化契合点的基础上，实现两者的有效交融，最终构建出利于语言接触和文化交融的文化体系。

### （一）语言接触中的文化融合

任何一种语言都是供一个或一些民族用于认识世界、形成思想、传达感情的载体。语法和语言表达不仅是语言上的问题，还体现着一种文化世界观。语言作为人们最重要的文化载体，可以直接塑造人的文化心理。语言制约和建构着人们的思维和文化，是人们认识、改造、完善周围世界及自身的必由之路。美国加利福尼亚大学的语言学教授克拉姆契在《语言与文化》一书中谈道："一个社会群体成员所使用的语言与该群体的文化认同有一种天然的关系。每一次言语行为，不管是口语还是书面语，都能表明说话者或作者在某一特定文化的社会结构中所处的地位。"言语交际中，语言的使用在很大程度上代表文化的归属，语言是文化认同形成的基础和重要的表现形式，这是语言的文化价值。语言文化的接触不以任何人的意志为转移。随着社会经济的不断发展、全球一体化进程的加速以及科技水平的提升，语言接触和融合现象越来越普遍。接触和融合是语言与文化发展不可抗拒、不可逆转的趋势。一个民族的语言通过与其他民族语言的频繁接触，不仅可以发展本族语言，还可以增强本族语言的生命力。在语言接触基础上发生的文化融合，不仅深化了对异族文化的了解，而且发展了本族文化。随着语言接触的日益深入，西方文化的价值观、管理技术、生活方式等广泛影响着我国社会生活的各个领域，文化融合现象随处可见。

例如，现在青年人穿 T 恤衫、牛仔裤已成时尚。同样，富有中华民族文化特色的针灸疗法和中草药也受到越来越多的西方人士的欢迎，不少外国人来华学习气功、打太极拳，把它作为健身延年、了解和体验中华文化的重要内容。这些都表明，通过语言的深层接触，中西文化处于相互影响、渗透和融合的状态下。随着中西文化交流的日益频繁和语言接触的日益深化，不同文化之间交流、渗透和融合的广度和深度还会进一步扩展和延伸。

## （二）文化接触中的语言融合

语言的形成和发展以文化为基础，不存在没有文化的语言。语言的方方面面，如句法结构、词汇意义等，都包含着多种文化因素。文化作为语言表征的基本内容，制约着语言的形式，不断地将其精髓注入语言中，丰富和更新语言的文化内涵。世界上不存在脱离语言的文化，也不存在脱离文化的语言。语言在文化环境中发展，文化通过语言得到表征。全球信息化高度发达的今天，国与国之间的交流日益密切，各民族之间的文化相互影响、渗透和融合，文化接触背景下的语言融合已成为一种普遍现象。世界范围内的文化交流日益频繁必然促进文化接触中的语言融合。

例如，随着中西文化多方位、多渠道的接触与交流，反映当代西方文化的名词术语大量涌入中华文化，成为汉语中的常用词汇，如"超市"（supermarket）、"白色污染"（white pollution）、"绿色食品"（green food）、"网上购物"（online shopping）、"快餐"（fast food）、"麦当劳"（McDonald）等。除了日常生活方面，汉语中反映西方发达国家科技新成果的词汇更是层出不穷。"电脑"（computer）、"因特网"（Internet）、"电子邮件"（e-mail）、"电子商务"（e-commerce）等新词语直接印证了中西文化接触中的语言融合。在文化接触过程中，文化的交流总是双向的。中华文化同样不可避免地对西方文化产生影响，反映中华民族文化的词语也出现在西方语言中。如儒教（Confucianism）、道教（Taoism）、磕头（kowtow）、丢脸（lose face）、纸老虎（paper tiger）、阴（ying）、阳（yang）、功夫（kung fu）等已被收入英语词典，成为西方文化的组成部分。随着我国科学技术的发展、民族文化的振兴和综合国力的增强，中华文化对西方和世界文化的影响越来越大，反映中华文化的词汇会越来越多地融入西方和世界文化中。文化接触过程中语言融合的另一个表现是当今语言中日趋普遍的二语糅合现象。所谓"二语糅合"，是指在说一种语言时夹杂进另一种语言的语词、语调的语言表达。例如，汉语中"卡拉 OK""KTV 包房""CD 片""X 光片"等二语糅合式的语言表达都是中西文化接触中语言融合的见证。同样，汉语一些词汇的拼音如 Jiao zi、hu tong、kong-fu 已经成为英语语言的一部分。总之，文化间的接触促进了语言融合，语言在文化的接触中相互影响、渗透、融合。

### （三）语言是文化的重要组成部分

之所以这样说，是因为语言具有文化的特点。首先，从文化的内涵来看，它包括人类的物质财富和精神财富。而语言正是人类在其进化的过程中创造出来的一种精神财富，属文化的一部分，二者都为人类社会所特有。其次，正像文化一样，语言也不是生物性的遗传，而是人们后天习得和学得的。再次，文化是全民族的共同财富，语言也是如此，它为全社会所共有。美国语言学家古德诺夫在《文化人类学与语言学》一书中也明确地指出了语言与文化的这种关系，他说："一个社会的语言是该社会的文化的一个方面，语言和文化是部分和整体的关系。"

### （四）语言接触是人类语言的普遍现象

不同民族间的接触和交往，使不同文化间的交流成为可能，同时也使不同语言之间的相互接触和相互影响成为客观事实。任何一种语言在演变、发展过程中都不同程度地与其他文化、语言接触。语言接触指不同语言之间的接触现象。语言接触有两种情况：一是语言本身的接触。接触的结果在语言的各个层面上有不同的体现，比如借词的增多、音系和语法模式的演变、语言形式的混合以及各种双语现象的普遍出现。二是语言负载的文化的接触。语言自然流露并具体体现一个社会、一个民族、一个地区或一个国家的意识形态、世界观、价值观等，语言的接触展示了文化接触的过程。语言接触的影响主要表现在两大方面：一是由于语言接触形成的语言影响，语言得到了丰富和发展，增强了语言的生命力，促进了语言的发展；二是语言接触中的语言认同折射出不同文化之间的接触，促进了文化融合。文化是民族的灵魂，任何一个民族的文化都不是孤立存在的，而是在世界文化的广阔背景下发生的。只有自觉地接触异族文化，吸收和融合异族文化精华，才能极大地丰富和发展本族文化。文化融合是不同民族文化相互渗透、相互补充、融为一体的过程。通过加强文化融合，可以不断突破本族文化的地域和模式的局限，不断超越本族文化的国界，在全人类的评判和取舍中得到文化上的认同，将本族文化的区域资源转变为人类共享、共有的资源。文化融合是双向互动的，既是一个不断解读对方文化的过程，也是一个不断审视和解读自身文化的过程。简而言之，文化发展离不开文化融合，文化融合造就更为优秀的文化，这是文化发展的规律。

## (五)语言与文化相互影响、相互制约

语言与文化之间的这种双向关系可以从语言与思维的关系以及语言作为文化的传播工具这两个方面加以认识。语言是思维的工具,而文化的构成又离不开思维(精神文化是思维的直接产物,物质文化是思维的间接产物)。作为思维的工具,语言在一定程度上影响和制约着思维的方式、范围和深度。然而,当思维发展到一定的程度,语言形式不能满足其需要或阻碍其发展时,人们也会自觉或不自觉地改造思维工具,促使语言改变。从这个角度上来说,思维又影响和制约着语言。

文化的生命力在于传播。语言作为文化传播的工具,自然会在一定程度上制约文化的传播,是文化得以生存的力量。另外,由于文化的传播,尤其是异族文化的传播,语言中会出现一些新的词语、新的表达方式,这样,文化又会影响和制约语言。文化与语言的关系在具有不同文化背景的人的交际活动中表现得最为明显。

## (六)语言是一面镜子,它反映一个民族的文化

通过了解一个民族的语言,就可以间接了解该民族的多种文化特征,具体来说有风俗习惯和思维特点等。例如,在父母两系兄弟姐妹的称谓上英语和汉语对应的称谓是不同的,在英语当中,只有两个词,即 uncle 和 aunt,而在汉语当中,不仅有伯伯和叔叔,还有姑姑、舅舅、姨,且这些称谓是不能混用的。从这里就可以看出:相对于外国人来说,中国人有着独特的传统的宗族观念及宗法文化。

# 二、语言教学与文化交融

语言属于文化的最终产物,语言可以反映文化,使人们了解文化,文化中有语言的渗入,语言和文化之间的关系十分密切。虽然外语教学人员一直认为文化教学属于外语教学的一部分,在美国和欧洲教学大纲中也明确了外语教学目标。但在中国,虽然在教学大纲中有文化教学的内容,但在很多院校的英语教学课堂上,还仍旧应用传统的语法翻译方法,这样就会导致中国文化教学效率大大降低,进而出现一系列尚待解决的问题,再加上我国对语言教学的过分重视,会在一定程度上忽视文化教学,导致我国文化教学的问题越来越多。因此,在具体的外语教学过程中,必须实现语言教学和文化教学的有效结合,要把文化知识带入外语教学课堂上。

## （一）语言教学和文化教学

在外语教学中加强文化教学的目的有很多，具体来说包括两大动机，第一大动机是工具性动机，第二大动机是综合性动机。前者是为了获取文凭，找到好工作，阅读相关材料，获取各种信息；后者是为了与外国人交流，学习外国文化，促进文化交流。综合性动机可以促使人们在学习语言的同时学习相关文化，从而能提升学习者的跨文化交际能力，更利于学习者学习文化知识。兰格认为，尽管多年来提倡在语言教学中融入文化，但文化仍旧是语言学习中的弱项。沃克和野田认为，在语言学习中，人们谈论最多的是语言与文化的关系，但其效果却是微乎其微的。兰格认为，要实现文化教学融于语言教学这个目标是有些困难的，这其中的原因比较多。克拉姆契和拜拉姆提出，外语学习和文化学习的最终目标：在文化调试的基础上了解更多的文化群体，掌握文化和跨文化交际的普遍规律，增强跨文化意识，提高跨文化交际能力，力争成为一个跨文化交际的人。虽然该目标难以在我国实现，但在我国外语教学中培养跨文化交际的人的目标是十分必要的，并是切实可行的。所以，英语教学的目的是满足交际需要，提升学习者的跨文化交际能力。

## （二）语言教学和文化教学的关系

对于文化来说，其不仅是语言存在的环境条件，也是语言应用的环境条件，在加强对语言形式以及语言应用内涵知识的学习之后，可以从根本上保证语言的真实性和生动化。无论是哪种语言，要想长期发展，都离不开其赖以生存的环境条件和社会文化。从一定程度上说，如果不能明确语言内部包含的文化，就无法从根本上了解语言和掌握语言。要想学习文化，必须首先学习语言，语言学习的最终目的就是文化学习。换句话说，文化学习是语言学习的必然结果，文化教学是语言教学的必然结果。虽然单纯的语言学习也并非不可能，但在这样的外语教学模式下，只能让学习者获得除母语以外的一个新的符号系统，这并不是真正意义上的语言学习，因为这样的学习离开了语言所反映的社会文化现实，就如同一个没有血肉的躯干，失去了原有的活力和价值。一个人的语言习得和文化习得是相辅相成、同时进行的。文化教学不仅能提供真实的、丰富多彩的教学语境来促进学习者语言学习，还能从根本上提升学习者的外语交际能力，另外还能帮助学习者在了解外国文化的基础上反省本族文化，开阔视野，增强跨文化意识，提高跨文化交际能力。现代教育研究结果表明，不结合所学语言文化的教学是种不完全或残缺的教学，只有把语言教学与文化教学合二为一，或寓文化教学于语言教学之中，才是现代意义上的全面的外语教学。

因此，作为外语教师，在英语教学中，要注重增长学生的英语本族特色文化见识和异域典型文化见识，并详细地对比分析，从而形成正确的、不偏不倚的跨文化视野，从根本上提升学习者的语言和文化交际能力。

### （三）语言教学如何与文化教学相结合

1. 词汇教学与文化教学的融合

语言要素比较多，在多个要素中，词汇是基本要素。文化差异在词汇层面上必然有所体现，对词汇的解释也必然能体现民族或文化之间的差异。英语词汇包含着丰富的文化信息和内涵。在具体的外语教学过程中，不仅要让学生了解词汇的概念意义，还要让学生了解词汇的文化意义，即内涵意义与引申意义。文化形态上的差异不可避免地呈现在语言系统里最活跃的词汇层面上，这种差异必然会产生附加在词汇本身之上的不同的联想意义。如果不了解这种联想意义的差别，就不能完全接受一个词所承载的全部语言信息量。

比如"狗"这个词汇，虽然概念意义完全相同，但东西方对于"狗"的联想意义是大相径庭的，汉语中许多关于狗的习语都给人不好的联想，如"痛打落水狗""狗咬吕洞宾，不识好人心""狗腿子""狐朋狗友""狗仗人势""狼心狗肺"等，但在英语中，"狗"被视为人类最好的朋友。

对于当前的英语教学来说，在具体的教学过程中，教师往往只讲授基本的单词词义解释，却不注重词汇对应的文化意义解释，再加上学生是被动学习的，这会大大降低学生的英语知识运用能力和语言交际能力。

例如，politician 和 statesman 这两个词，学生往往把单词 politician 译作"政治家"，而事实上，politician 这个词在美国英语中往往有很强烈的贬义色彩，容易引起别人的蔑视，它指为谋取个人私利而搞政治、耍手腕的人。

又如，一些颜色词在不同国家中的文化内涵截然不同。红色在西方文化中被用来表示愤怒、气愤的意思；但在汉语中，红色通常是一种沾有喜气的褒义词，如红松、红包、红娘、红利、红运、红火、满堂红等。

在英语教学过程中，必须注意这些具有民族文化背景色彩的词汇，要了解相关词汇的文化内涵，提升自身的词汇运用能力，并且将这些词汇置于真实的文化语境中进行操练，让词汇知识转化为词汇使用能力，从而达到文化教学的目的。

2. 阅读教学与文化教学的融合

在阅读外语文章时，我们应吸取三个层面的意义：词汇意义、语法结构意义和社会文化意义。就词汇意义或语法结构意义来讲,学生们可求助于字典或语法书,而社会文化意义让外语学习者最难吃透,因为它涉及语言使用社区的价值观、信仰和态度。阅读是一种单面而又复杂的技能,它不只是一种简单的解码操作,学生们只破解文章的表面含义是不够的。根据英国著名的应用语言学家威多森的观点,阅读是一种"作者与读者的相互作用"。如果不具备对目标语言的文化洞察力,是无法真正了解语言文化内涵的。有效的阅读要求对目标语的文化有一种合乎情理的定位,对目标语的文化背景模糊不清,就会误导学生的阅读理解方向。所以在实际的阅读教学中,教师必须明确教学目标和教学内容,且要考虑到文化教学的需要,合理设计读前和读后任务,将学习者的注意力吸引到篇章内容上,进行相关的文化讨论和文化学习。

例如,在阅读一篇关于美国社交礼节的英语文章之前,教师可以提出一系列有关学习者本族文化中社交礼仪的问题,让学生们进行读前热身,然后建议他们在阅读文章时注意美国社交礼仪文化与自己民族的社交礼仪文化的异同。学生在回答社交礼仪相关问题时,往往需要进行文化对比。由于学生对目标语文化缺乏洞察力,因此,阅读教师应给予学生适当的指导,促进学生对文化内涵的理解。学生的文化知识面越广,学习自信心就越强。没有文化定位而期待一个学生开发出阅读效率绝对是一种幻想。

3. 听说教学与文化教学的结合

要想让学生更好地了解跨文化交际文化,就要实现外语教学和听说教学的有效结合,在外语教学过程中融入听说教学。听说教学在跨文化英语教学中的作用是比较大的。对于文化教学来说,不仅要彰显材料的准确性以及代表性,也要彰显出主题的准确性以及代表性,并准确反映出我国文化教学的各个方面;不仅要完善文化内容,还要优化文化组织方式。另外,还要大力应用先进的多媒体教学工具,完整地呈现跨文化交际情景,让学生有身临其境的感受,促进学生跨文化交际能力的不断提升。

例如,电影教学就是一种很好的方式,融视、听、说于一体,使传播知识和接受知识的通道加宽,调动人的多种感官来接收信息。电影呈现的情景真实生动、语言丰富地道、形式活泼多样,为英语教学提供了理想的条件,为学生的语言活动开辟了广阔的天地,在娱乐的过程中提高了学生学习英语的兴趣。还可以多开展课外拓展活动,鼓励学生多去英语角,积极与外籍教师交流,掌握外语交流和沟通技巧。通过这些活动的有效开展,可以为学生营造良好的学习氛围和交际氛围。还可以鼓励学生参加外语交际活动，增强学生学习和运用语言交流的自信心。

## 三、各学科与文化交融

### （一）学科文化的含义及特征

学科文化是根植于学科的，学科明显是一种联结化学家与化学家、心理学家与心理学家、历史学家与历史学家的专门化组织方式，它按照学科，即通过知识领域实现专门化。每门学科的成员拥有共同的信念，拥有自己的符号系统、价值观念、学术精神等，这些正是学科文化的组成部分。学科文化是指由历代学者在创建该学科的过程中，发现、创造和形成的学科理论体系以及所具有的思想、方法、概念、定律，是学科中所采用的语言符号、价值标准、科学精神或人文精神、文化产品以及工作方法的总和。

学科文化是社会文化的一种，它具有文化的共性：精神性，学科文化形成的主体是人，其核心是人的精神活动；社会性，学科文化是在一定的社会关系条件下以及人们共同的活动中形成的，没有一定的社会关系条件下的共同活动，就没有学科文化；规约性，人们在学术活动中创造学科文化，学科文化也规范和制约着学术活动；稳定性，学科文化一经形成，就具有相对的稳定性。学科文化区别于其他社会文化的个性主要表现在：就整个学科系统而言，学科门类众多，学科文化丰富多彩、异彩纷呈，具有多样性；以知识领域划分的学科具有学术性，凝聚于学科之中的学科文化自然也就渗透着浓郁的学术气息，它主要体现为单元独立、注重实效以及自由探索的学术精神。

### （二）学科文化的冲突

冲突可以从多角度理解。从参与主体看，冲突指"各派间直接的和公开的、旨在遏止各自对手并实现自己目的的互动"；从冲突目标看，冲突是"有关价值、对稀有地位的要求、权力和资源的斗争"；从手段和后果看，冲突是"研究由于价值观、权力、地位、资源分配等因素引起社会中的个人或群体间的对抗行为模式以及由此导致的社会整合与社会变迁的学问"。从组织管理角度看，冲突是指"个体或组织由于互不相容的目标、认知或情感引起的相互作用的一种紧张状态"。总之，只要有差异存在，交往双方的冲突就存在。

在一所大学当中，不同学科对应的文化冲突问题是比较多的，也是比较常见的。对于学科文化来说，其属于一种系统文化，其体现的层面是比较多的，不仅会体现在物质层和精神层上,还会体现在规则层以及行为层上,且这些层面都是相互交叉和作用的。各学科往往会在学科文化内部产生冲突和争夺,具体表现在资源的争夺、目标的争夺以及利益的争夺上。学科文化的要素是比较多的,在多种要素之间也有争夺以及冲突,这些冲突主要体现在三大方面:第一大方面是价值观;第二大方面是思维方式与语言方式;第三大方面是学术生活。

### 1. 价值观的冲突

在学科价值取向上,不同学科以及学科的不同阶段存在不同的认识。如:在研究目的上,有人推崇基础研究的无功利性,以求知、求真为最高的精神价值追求,以体现学术的超现实性;而另外一些人则对应用、开发研究情有独钟,把知识的功用作为研究目的,以积极入世的精神主动介入现实社会。教师职责的履行是以教学质量还是以科研水平作为基本的评价标准,教学过程是解释模式(即回答是什么和为什么的问题)还是传授模式(即应该是什么和应该怎么做的问题),至今人们还争论不休。此外,对于专业计划、课程设置以及教学形式、方法和途径等环节的认识,人们也很难达成完全一致。

在大学的行政管理和学术活动开展中,也存在一些问题。行政人员有充足的理由把教授和学生充其量看作缺乏理解的人,甚至是制造麻烦的人和敌人,致使大学行政管理人员和教学人员,在日常生活中逐渐分离,每一方都试图保持自己一类人的接触。分离导致群体间相互的冲突愈演愈烈,甚至达到轻视的地步。

### 2. 思维方式与语言方式的冲突

学科思维的冲突是指学科的思维方式缺乏共通之处,看待一个问题时都只用自己学科的思维方式,而没有考虑对方学科的思维方式,因而造成矛盾。譬如一位很杰出的数学家查尔斯·巴比奇在读到阿尔弗莱德·洛德·坦尼森的《原罪的审视》后写道:"亲爱的先生:在你的光辉诗篇中有这样一行:'每一时刻都有一人死去,每一时刻都有一人降生。'很明显,如果这是真的话,世界的人口就会停止不变,而事实上出生率是略高于死亡率的。因此我建议在您诗词的下一版中,您会把它改为:'每一时刻死去一个人,每一时刻又有一又六分之一个人出生。'严格地说,这仍不精确。实际的数字是个很长的小数,我不能在一行里把它写出来,但我相信一又六分之一对于诗词来说是足够精确的了。"查尔斯·巴比奇用数学家的思维方式去欣赏诗歌,学科思维的冲突可见一斑。英国学者C.P.斯诺在剑桥大学发表的关于"两种文化"的演讲中指出:

西方社会的智力生活已经日益分裂成为两个极端的集团,自然科学家与社会科学家之间出现了互不理解、互不信任的鸿沟,"他们都荒谬地歪曲对方的形象。他们对待问题的态度完全不同,甚至在感情方面也难找到很多共同的基础"。

"两种文化"的观点只不过揭示了一种对立,事实上,实用学科与非实用学科,以及理论科学与应用学科之间存在着巨大的隔阂。相互间的隔阂是"不理解"的外在表象,其深刻的危机在于知识成了碎片。在语言方式上,人类在认识社会和自然界的过程中,囿于自身有限的认识能力,往往无意或有意地创建不同的符号系统,人为地创建不同的知识体系,构成不同的意义和价值系统。不同符号系统间的理解和沟通障碍或者分歧就表现为文化上的差异甚至冲突。作为知识机构的大学,这一特征表现得相对较为突出。在大学的现实中反映这种冲突的现象可谓比比皆是,如自然科学领域的人们常常视人文学科为"非科学",而对之不屑一顾;而在人文学科领域也不乏一些人对硬科学反唇相讥,笑其"精神贫乏"。围绕着理性和感性、价值理性与工具理性、事实判断与价值判断、归纳与演绎、抽象与具体、实证与思辨、定量与定性、确定性与模糊性、解释与理解等理论形态或研究取向进行的对峙与交锋,少不了人们的互相贬抑。就算是在三大学科的领域内部,如果学科以及专业不同的话,也会产生很多无法理解的问题,这三大学科主要指自然科学、人文科学以及社会科学。

3. 学术生活的冲突

硬学科和软学科学术生活的方式就有很大的差异,譬如历史学家的文章开头不会少于三页纸。其他人可能需要一张桌子、一个房间和一个堆满书籍的图书馆,但是创造性的数学家只需凝视墙上或者拨弄咖啡杯就开始工作,也可以在黑板上涂写。应用型的学科与企业或社会其他机构联系频繁,用他们的研究帮助这些组织解决实际问题,而纯学科的这种联系就比较少。对于学科文化冲突,我们要客观看待。在德裔美籍社会学家科塞等冲突论者看来,即使健康的组织,其内部也充斥了大量的利益、权力和价值的冲突,这些冲突并非具有破坏性或导致功能失调的消极、负面因素,而是中性的,甚至有可能对系统产生积极或有益的影响。

大学文化内部存在的上述种种冲突正是大学组织的活力所在,即使出现价值的冲突也并非都是倾覆性的,不同价值取向的存在都有其合理性,无所谓谁优谁劣,且彼此之间也并非泾渭分明,甚至水火不容。一个允许容忍并能正确对待异质存在的大学才表明它有对内部多元价值和行为方式认同、宽待的文化环境,这有利于消除彼此之间的恶性抵抗,增加成员对大学的归属感。所以,学科文化的冲突,对学术人而言,应该和而不同;对管理者而言,应该兼容并蓄;对学生而言,应该博采众长,以大学的整体文化来化解和协调冲突。

## (三)学科文化融合

### 1. 学科文化融合的含义

学科融合的含义是在承认学科差异的基础上不断打破学科边界,促进学科间相互渗透、交叉的活动。学科融合与学科交叉存在区别。学科融合是个理念层面的概念,指的是打破学科边界,不将学科封闭。在现行的学科边界内,主张缩小学科的间隔,强调的是学科之间的整合。学科交叉是具体实践层面的概念。学科交叉落实到具体的操作层面,即通过学科知识、方法、视角的相互渗透,发展出新的学科生长点,还可能还生长出新的学科。学科文化融合是从学科融合和学科文化两个概念中发展出来的,是指学科文化之间的严格界限被打破,学科文化的差异在学科边界被逐渐消解,产生一些共性的文化。

学科文化的融合主要表现在两大方面。一方面主要表现在学科知识融合上,就是所谓的学科交叉以及学科交融。学科文化融合需要一定的理论基础,而这个理论基础就是知识的融合。另一方面主要表现在学科管理制度、生活形态和思维方式的相互尊重、理解和宽容上。针对学科文化融合来说,必须在相互尊重的基础上明确相似之处,并最终确认和达成共识。

### 2. 促进各学科文化融合的有关措施

(1)学科观念的更新

学科融合不仅是学科组织的融合或者建立一些交叉学科研究中心,更重要的是我们如何看待学科的这种观念需要革新。首先,针对学科转向问题进行研究。在传统的学科观念下,学者们认为知识的划分肯定存在着学科的边界,要尊重这种边界,所以,在确定研究主题时,要强调这个问题是不是本学科研究的问题。于是,年轻的学者们总是被劝告待在"领地"之内,逃避那些可能跨越部门界限却不一定适合本专业框架的学术项目。那些企图创造一个新起点的人,可能被认为是靠不住的外人,得不到他人的信任。这种强调使有潜力的人才失去了勇气,年轻的学者很容易感到从事狭窄问题的研究要比从事大范围问题的研究要稳妥。但是事实上,学科从来没有一个清晰的边界,可以把两种知识体系完全分开,而且现在大学正要进行激励边界作业、发展学科交叉的研究,因此,学者们在做研究时不应拘泥于边界,而应摒弃门户之见,将眼光转向问题。一个问题涉及多个学科的知识,要想解决相关问题,必须将多种学科知识和不同学科学者联系起来。

其次，要淡化学科的管理功能。中国的学科不仅有学问的分支和学科群落的含义，还有人才培养口径、规格、标准的意义，带有极强的管理色彩。教育部将现有的学科分为几个大门类，具体化为一级学科、二级学科。这样的分类便于发挥学科的管理功能，便于人才培养在学科的规格要求下进行。但是这样划分是对现有学科与专业的划分，没有给交叉学科留下位置，整个分类缺乏灵活性。譬如一些交叉学科并不好归类到某一学科下，但是又没有其他归属的空间，最后勉强放入某个学科之下，不利于相关人才的培养。像启明学院和创新研究院那样的跨学科研究组织，在交叉学科人才的培养上也必须依据现有学科分类，在现有的学科院系中完成，学生所做的研究是跨越多学科的交叉研究，但是获得的学位却是已有的学科分类框架中的一种学科分支的学位。这些现象更深层的原因来自大学自上而下的行政管理体制，对于学科发展动态最为敏感的大学，却没有专业设置的自主权，这抑制了新兴学科和专业的发展。我国的学科、专业的调整总是滞后于学科发展和社会需要。虽然后来有几所高校获准开展本科专业自主设置试点，也只是针对本科专业。所以，促进学科融合，淡化学科的管理功能，其实是要让大学对于自己学科和专业的设置有更多的自主权，可以自由去设置专业目录以外的新兴交叉学科专业，最终使大学成为独立的学术机构。

（2）形成良好的学科生态

要想从根本上落实学科融合工作，还要进行科学合理的学科生态构建。在高校和大学各学科文化融合过程中，需要的学科种类是比较多的，且在一些大学当中，学科种类过少的话，就无法进行快速的学科交叉以及学科融合。因此，每个大学都要追求多样化的学科融合，只有保证学科齐全和完整，才能促进学科文化融合工作的有效落实。但对于较好的学科生态来说，不但要保证物种多样化，还要保证多个物种间的平衡性和协调性。所以，在学科生态构建过程中，单纯保证学科齐全是不够的，还必须促进多个学科的共同发展和协调发展。

协调发展不仅包含核心学科以及应用类学科，还包括各种硬学科和各种软学科。要想促进应用类学科的发展，必须以核心学科发展为保障，核心学科发展也是其他学科发展的理论基础，如果仅仅注重学科发展的话，虽然能带来短时间的效益，但肯定会出现一系列问题。在大学学科当中，硬学科和软学科是必不可少的，硬学科代表着科学，软学科代表着人文，只有促进两者的协调发展，才能营造良好的大学文化教学氛围，无论缺少其中的哪一个，都不利于大学专业人才培养。

另外，在大学学科协调发展中，还要保证优势学科与弱势学科的共同发展。对于不同的院校来说，学科发展情况是不同的，内部的精纯学科也不同。比如华中科技大学最强的学科是工科，工科在大学中处于优势地位，学校必然也会更加重视工科专业人才的培养，整个大学也因此形成一种工科的文化，而别的学科往往会被边缘化，无法充分凸显自身的价值。在大学发展过程中，要加大对优势学科发展的重视度。但在不同的学科之间，也是存在一定的宽容度的，也要注重其他小学科的发展，不然就会导致学科交叉短板问题的出现，那些弱势学科会变得更加弱小，从根本上阻碍总的学科交叉计划的正常实施。只有促进各个学科的共同发展，才能从根本上实现学科交叉以及文化融合的目标。

（3）改革学术评价制度

要想促进学科文化融合，还应该改变现有的在学科制度框架内的学术评价方式。传统的学科评价是以学科为单位的评价体系，但是交叉学科的评价在采用同行评价的方式时会产生一些问题。从研究项目的申请来看，政府的项目资金是按照学科来分配的，所请的评审专家也是各个学科的专家，他们对于学科交叉的研究项目的创新性是否会认同呢？国家自然科学基金委员会副主任、著名生态学家张新时先生就谈到，他曾提过一个做生态研究的项目，但这个项目在生态学和计算机两个领域中都没有得到共识，生态学评议专家认为这是属于计算机应用的项目，从生态学的角度来看没有多大意思；而计算机评议专家也持类似态度，认为这是属于生态学的项目，从计算机应用的角度来看没什么意义。张先生只好通过其他渠道来从事这项研究，并取得了丰硕的成果。从研究成果的评价来看，交叉学科的研究成果的发表也会遇到困难。期刊是按照现行的学科分类创办的，一个学科内虽然有很多期刊，但是如果要发表交叉学科的研究成果，许多期刊就会认为其不符合发表的内容取向或风格，或者是审稿人多是传统学科领域的专家，不好评价交叉学科论文，那么可供选择发表的期刊的面就窄些，可能只有非常高水平的综合性期刊能予以发表。可见，在交叉学科的研究项目申请与成果发表中，由于同行少，无法保证评价效率，这也会影响学者的学术职称晋升。职称评定主要考察的是学者对本学科做出贡献的程度，从事学科交叉研究的学者可能就会面临一种尴尬，由于申请课题和发表的难度都比一般学者大，能够被认可的成果数量相对于其他学者可能并不占优势。因此，做学科交叉的研究对于学者来说是既辛苦又有风险的。

那么，如何改革学术评价制度，促进学科的融合呢？首先，政府各种研究基金要为学科交叉的研究提供更多的资金支持，在项目审核中更偏向学科交叉的研究，提高学科交叉研究项目立项的比例。学科评审组划分不能过细，那样会让学科交叉的项目不知道向哪个评审组进行申报合适，或者即使申报了也很难成功。而将其拆分成几个学科项目分别向不同评审组申报，又会失去项目的完整性和有机联系。所以，学科评审组也应该进行整合，或者成立专门针对学科交叉研究的评审组，譬如美国的国家科学基金会就已经明确：在保持按传统学科设置的纵向资助的基本格局的基础上，通过设立专门的研究领域，成立跨学科资助机构，制定跨学科计划等，逐步建成学科交叉研究的多层次矩阵式资助体系。

其次，在学术成果的发表方面，国外的学者们是去创办交叉学科期刊，把学术成果发表在交叉学科期刊上。评价一个学科是否成熟的标准之一是看这个学科是否能创办出自己的期刊。学科交叉的研究，在理论体系逐渐完善后，可能发展成为一门交叉学科，在这个过程中，就可以通过创办期刊，构建一个同行交流的平台，为在传统学科中找不到适合位置的研究提供发表的舞台。国外学者们的研究结果表明，交叉学科的期刊功能比较多，可以将传统学科连接起来，并且涵盖了有自觉意识的学科互涉性问题中心研究，促进了混合领域的发展。一些刊物，如《科学》和《自然》，规模大，声誉高，但大多数都是交叉学科期刊，他们一般拥有忠实的读者，但流通量不大。所以，交叉学科的期刊可以形成一个读者群，培育越来越多的同行，也使交叉学科走向成熟。我国相关部门规定学者们必须将文章发到特定的期刊上，而交叉学科的期刊一开始可能无法达到这样的等级，这无疑打压了国内学者创办或投稿交叉学科期刊的热情。所以，需要改革的是现有的学术考核机制，这种机制对学科交叉的研究有消极的影响。最后，在学者的晋升方面，应该是找同行评价学者的学术成果，并充分考虑学者开拓出一个新的领域对本学科和整个知识体系的贡献。

（4）在教学中促进学科文化融合

我们可以通过大学中的教学活动促进学科融合。在笔者的相关访谈中，有教师谈到其实本科生的教学和他的研究没有什么关系，但是可以帮助他将知识系统化。这是因为研究倾向于知识的细化、碎片化，而教学则需要将广博的知识整合。教学还需要根据学科发展加入新的内容，而这些与学者自己研究的那一小部分知识未必紧密相关。所以，通过开展教学活动，有助于学者将他们特殊的研究领域与更广泛的知识框架联系起来，让他们不至于一直处在一个知识片段上。在教学方面，还应该鼓励不同学科的教师共同致力于一门交叉学科课程的编写和教学，使得不同学科的教师们有相同的目标和兴趣。教师们在一起讨论、交流的机会越多，在一起工作的时间越长，越能理解和尊重对方的文化，从而有利于学科文化的融合。尤其是对于那些交叉学科研究组织来说，既然要培养具有多学科知识的创新型拔尖人才，就必须不断创新专业课教学方式，改变传统的学科教学模式，组织教师们联合开发交叉学科的课程，开展联合教学。教师们将他们涉及多个学科的研究项目的成果整合成一个体系，开发出相应的课程。随着这样的交叉学科课程的增加，交叉学科知识体系会更加完善和系统化。

# 第二章　中西方文化差异分析

文化是人类社会特有的现象。文化是由人所创造、为人所特有的，是非常广泛和最具人文意味的概念。简单来说文化就是不同地区的人类的生活要素形态的统称。文化是一种历史现象，是社会历史的积淀物。中西方文化存在许多差异，在跨文化交际中，了解中西方文化差异是极其必要的。本章分为中西方饮食文化的差异、中西方社会文化的差异、中西方交际文化的差异三部分。主要内容包括：中西方饮食观念的差异、中西方宴会礼仪的差异、中西方饮食内容的差异、价值观念的差异、社会关系的差异等方面。

## 第一节　中西方饮食文化的差异

### 一、中西方饮食观念的差异

中西方饮食文化的不同是中西方民族文化差异的重要组成部分。传统的西方文化是畜牧文化和海洋文化，而中国是农耕文化和陆地文化，两种不同的文化反映出人们生活方式的差异，其中饮食是具有代表性的一个方面。每个国家、每个地区的人民都在饮食中不自觉地透露着自身深刻的文化背景。

#### （一）泛食主义者与实用主义者

在中国，吃的形式后面蕴含着一种丰富的心理和文化的意义以及人们对事物的认识和理解，从而获得了更为深刻的社会意义，饮食已转化成对社会心理的一种调节。有许多学者将中国人的这种特有的"民以食为天"的观念称为"泛食主义"的文化倾向。中西方文化之间的差异造就了中西方饮食文化的差异，这种差异来自中西方不同的思维方式和处世哲学。

中国人注重"天人合一"，西方人注重"以人为本"。这种价值理念的差别形成了中餐以食表意、以物传情的特点，注重饭菜的意、色、形、香、味。在中国，饮食的美性追求显然压倒了理性，这种饮食观与中国传统的哲学思想也是吻合的。而西方人在烹饪时自始至终坚持着饭菜的实用性特征，从营养角度出发，重视食物对人的健康，不讲究花样和饭菜的其他功能。他们认为"吃"只是为一个生物的机器注入燃料，保证其正常运行，只要吃了以后能保持身体健康、结实，足以抵御病菌、疾病的攻击就行，其他皆不足道。由此可见，"吃"在他们的心目中只是起到了一种维持生命的作用。

就交际手段而言，中国宴请的目的有表示感谢、庆祝成功、请人帮忙、引见他人、取得客户的信任……"吃"虽然重要，但是从文化的意义上看，在西方国家"吃"只是停留在简单的交流、交际的层面上。

### （二）和合与分离

在中国，群体文化是主导价值观。我们希望国家"政通人和"，称美好的婚姻为"天作之合"。在英、美等西方国家，则强调个体主义，尤其强调个人的价值与尊严、个体的特征与差异，两种截然不同的价值取向也体现在饮食上。通常，中国人请客吃饭采取的是一种"共享"的方式，大家共享一席，共享桌上的菜肴。这大概源于饮食所以"合欢也"的集体主义思想，强调一个"合"字。西方人请客吃饭奉行分餐制。首先是各点各的菜，想吃什么点什么，这也表现了西方对个性的尊重。上菜后，人各一盘，各吃各的，各自随意添加调料。付账也往往采取 AA 制，各人自付各人账。

### （三）形式丰富和随意简单

受"持家要俭，待客要丰"的传统观念的影响，中国人在请客吃饭时一般的正式宴请至少要上七八道菜，这还不包括之前上的冷盘、小吃，中间上的甜点以及最后上的主食（面条、米饭等）。菜肴越丰富、越珍贵，就越能体现出主人的殷勤和客人的身份。盛大的西餐宴席通常是六道菜，而且其中只有两道菜算得上是菜，其余是陪衬。平时宴请，饭菜更为简单。聚会，被称为"party"，主人只提供饮料、酒和一些简单的食物，如奶酪、炸薯条、三明治等，并不提供饭菜。还有一种朋友聚餐被称为"potluck"，即每人都带一样菜，让大家共享。可见，西方的宴会并不重吃，而重宴会形式的自由化、多样化，主人要千方百计地创造出一种轻松、和谐、欢快的气氛，让客人们享受一段自由自在的美好时光。他们将吃饭看成聚会和交流的机会，吃的东西固然必不可少，但并不是最重要的。

## 二、中西方宴会礼仪的差异

随着中国与西方国家交往的频繁,我们不仅要重视自己的礼仪,也要重视西方国家的礼仪,以便促进中西饮食文化的互相融合。

### (一)出席时间的差异

中国人是多样化时间观念的人,西方人是单一性时间观念的人,要求做任何事都严格遵守日程安排,该干什么就干什么。因此,在参加宴请时,这一差异显得较为突出。一般来说,时间多样化模式的中国人更倾向于"迟到",往往在规定的时间半小时之后到达。对此,主人似乎也早有思想准备,通常会在这段"等待"的时间里安排一些其他节目,如打打牌、喝喝茶、聊聊天等,让一些"先到"的客人们消磨时间。对于这种"迟到"现象主客双方都习以为常,并不将之视为对主人邀请的一种轻视或是一种不礼貌的行为。在西方国家,各种活动都按预定的时间开始,迟到是很不礼貌的。正式的宴会要求准时到达,一般不超过10分钟,否则将被视为不合礼仪,是对主人及其他客人的不尊重。

### (二)座次安排的差异

中国的宴会中座位通常是以面向南为上,以面向北为下,形成了"南尊""北卑"的传统观念。"南"在中国人心目中是一种至高无上的象征,代表了权力、地位和身份,因此,常常见到一些宴会场合上人们推推让让、面红耳赤,原来只是为了谦让座位次序的缘故。在中国的大多数宴会上,位高权重者或年长者首先入座并坐首席,这是因为中国人将长幼有序、尊重长者作为排座的标准。在中国,长期占统治地位的是儒家文化与思想。儒家以君、父、夫、长为尊、为先,以臣、子、妻、幼为卑、为后,进而形成了贵贱有等、夫妻有别、长幼有序的思想和行为标准。在西方,人们将女士优先、尊重妇女作为宴会排座位的标准,同时也作为宴会上其他行为的标准。对其影响力最大、渗透面最广的文化是基督教文化。人们将基督教文化中对圣母的虔诚尊敬扩展和延伸,便产生了尊敬世间妇女的社会风尚。但是,由于西方许多国家的畜牧业、商业比较发达,更需要人们具备强壮、易动和勇于冒险等特点,而人越老就越丧失这些特点,于是难以形成尊老的社会风尚,人们常常不愿谈论年龄、害怕衰老。随着时代的发展、交流的加速,不同文明的相互借鉴在潜移默化地进行。中西方关于座次的学问也将被人们不断理解和借鉴,相互取长补短,从而使生活更加多姿多彩。

## （三）餐具的差异

两种不同文化影响下的民族在饮食餐具上的选择也不同，中国人使用筷子，而西方人使用刀叉。中国由于长期受农耕文化的影响，喜欢和平与安定的生活，反对侵略。西方国家由于受狩猎文化的影响，喜欢争强好胜和乐于冒险。中国人在用餐时喜欢用圆桌，用筷子吃饭，体现了圆满、和气；西方人一般都是用方桌，使用刀叉则给人一种杀气冲冲的野蛮之感。不过，随着中西方经济交往的发展，餐具的使用也没有明显的分别。很多西方人学着用筷子，喜欢吃中餐，而中国人也常进西餐厅和使用方桌。由此可见，中西文化是可以交融的。

## （四）进餐礼仪的差异

在礼仪方面，中西方更显不同。中餐的进餐礼仪体现一个"让"的精神。宴会开始时，所有的人都会等待主人，只有当主人请大家用餐时，才表示宴会开始。而主人一般先给主宾夹菜，请其先用。当有新菜上来时，请主人、主宾和年长者先用以示尊敬。《礼记·曲礼上》载："共食不饱，共饭不泽手……毋放饭……毋固获，毋扬饭……卒食，客自前跪，彻饭齐以授相者，主人兴辞于客，然后客坐。"这段话的大意：大家共同吃饭时，不可以只顾自己吃饭。如果和别人一起吃饭，必须检查手的清洁。不要把多余的饭放回锅里，不要专占着食物，也不要簸扬热饭。吃完饭后，客人应该起身向前收拾桌上的盘碟，交给主人。主人跟着起身，请客人不要劳动，然后客人再坐下。这些礼仪有的在现代也是必要的礼貌。

西餐进餐礼仪传达的是一种"美"的精神，要求整个进餐过程不但要美味，更要悦目、悦耳。首先，不但要衣着整齐，往往还要求穿礼服，并要求坐姿端庄。其次，进餐时不能发出不悦耳的声音，相互之间交谈要轻言细语，不能高声喧哗。在西方宴席上，主人一般只给客人夹一次菜，其余由客人自主食用；若客人不要，也不便硬让人家再吃。吃东西时，也不要发出响声，但客人要注意赞赏主人准备的饭菜。

## 三、中西方饮食内容的差异

### （一）美味与营养

中国人把追求美味奉为进食的首要目的。中国民间有句俗话："民以食为天，食以味为先。"中国人重视味道，也反映在日常言谈之中，如家庭宴客，主要菜肴端上台面后，主人常自谦地说："菜烧得不好，不一定合您的口味。"他绝不会说："菜的营养价值不高，卡路里不够。"西方烹调讲究营养而忽视味道。他们以冷饮佐餐，冰镇的冷酒还要再加冰块，而舌头表面遍布的味觉神经一经冰镇，便大大丧失品味的灵敏度，渐至不能辨味。那带血的牛排与大白鱼、大白肉，生吃的蔬菜，白水煮豆子、煮土豆，虽有"味"而不入"道"，这些都反映了西方人对味觉的忽视。基于对营养的重视，西方人多生吃蔬菜，不仅西红柿、黄瓜、生菜生吃，就是洋白菜、洋葱也都生吃。现代中国人也讲营养保健，也知道青菜一经加热，维生素将被破坏，因而我们主张用旺火爆炒。这虽然也使维生素的含量下降，但不会完全损失。因而中国的现代烹调术旨在追求营养与味道兼顾下的最佳平衡，这当然也属于一种"中庸之道"。

### （二）素食为主和肉食为主

据西方植物学者的调查，中国人吃的菜蔬有600多种，比西方多六倍。在中国人的菜肴里，素菜在平常的饮食结构中占主导地位。西方人过去以渔猎、养殖为主，吃、穿、用都取之于动物，荤食较多。故有人根据中西方饮食的明显差异这一特点，把中国人称为植物性格，西方人称为动物性格。反映在文化行为方面，西方人喜欢冒险、开拓、冲突；中国人则喜欢安定的生活。的确，西方人，比如美国人在开发西部时，他们把整个家产往车上一抛，就在隆隆的辎重声中走了。中国人则时时刻刻记挂着"家"和"根"，在海外数十年的华人，末了还是拄着拐杖来大陆寻根。这种叶落归根的观念、人文精神，不能不说是和中国人饮食积淀相通合的，它使中华民族那么富有凝聚力，让中国的民俗那么富有人情味。

总之，中西方传统文化的不同引起了中西方饮食文化的差异。我们着重从饮食观念、宴会礼仪和饮食内容等方面进行了阐述，揭示了导致饮食文化差异的深层原因。随着跨文化交际的发展，中西方饮食文化会不断交流、互补和兼容。

## 第二节 中西方社会文化的差异

### 一、价值观念的差异

#### （一）价值主流

西方文化价值观的主流是为自我满足而奋斗的精神。西方文化张扬个性，强调维护个人利益，注重独立自主发挥个人潜力，强化个人权利意识。个人主义是一切行为的准则，自我实现是人生的最高需求和目的，独立是实现自我的最有效手段，人权神圣不可侵犯，是实现自我的保障。

中国主流文化价值观是和合精神。中华民族自古就注重和谐。在人与自然的关系上，崇尚天人合一，人与自然和谐相处；在人与人的关系上，强调以和为贵，与人为善；在国家之间的关系上，主张亲仁善邻，协和万邦。

#### （二）竞争意识

在重视个人培养、强调个人独立和崇尚自我实现的美国，竞争是其基本价值观之一。社会鼓励其成员竞争，人们也以积极的态度踊跃地参与竞争。他们相信竞争不仅推动个人价值的实现，也推动社会的进步与发展。整个美国社会犹如一个大的竞技场，人人都为了获得自己的所需而努力拼搏并击败他人，有些人为达目的甚至不择手段。

中华民族是个倡导重义轻利的民族，注重道德修养。"天人合一""和为贵""中庸之道""深入民心""君子忧道不忧贫""君子不言利"等思想使我们中国人把物质利益放在了次要地位。传统的价值观不鼓励人们竞争。中国人强调天时、地利、人和，古人讲"天时不如地利，地利不如人和"，特别注重"和"。

#### （三）自立意识

西方人的自我中心意识和独立意识很强，主要表现在：①成年公民（以十八岁为界）都倾向于自己选择自己的行为，并为自己的行为负责，他人的意见仅供参考，社会对个人的抉择权予以普遍承认与尊重。②教育体制总是鼓励青少年学会自立并授之以相应技巧。孩子从小就被灌输独立意识，父母要求孩子自小学会自立。在可能的情况下，父母尽量让孩子拥有自己的空间。要是一个二十岁左右的人仍待在家里,依靠父母或别的什么人生活,他会被人耻笑和瞧不起。③不习惯关心他人,帮助他人,不过问他人的事情。主动帮助别人或接受别人帮助在西方常常是令人难堪的事。因为接受帮助只能证明自己无能,而主动帮助别人会被认为是干涉别人的私事。

中华民族是一个爱好和平、与人为善的民族。人们喜欢依赖父母及朋友,古语说:"在家靠父母,出门靠朋友。"中国人的行为准则是"我对他人、对社会是否有用",个人的价值是在奉献中体现出来的。中国文化推崇一种高尚的情操——无私奉献。在中国,主动关心别人、给人以无微不至的体贴是一种美德。因此,中国人不论别人的大事小事、家事私事都愿主动关心。

### (四)个人荣誉感

西方人崇拜个人奋斗,尤其为个人取得的成就自豪,从来不掩饰自己的自信心、荣誉感,以及在获得成就后的狂喜。相反,中国文化不主张炫耀个人荣誉,而是提倡谦虚。

### (五)时间及效率观念

在中国,"寸阴寸金""救人如救火""千钧一发""笨鸟先飞早入林""只争朝夕"等理念教导人们要珍惜时间,充分利用时间。但在实际生活中,慢节奏在人们的客套话中略见一斑,如"慢走""慢慢吃""慢慢玩"等。改革开放以来,人们的时间观念发生了极大的变化,"时间就是效益"等观念正在深入人心。在西方,清教徒的工作价值观已扎根在美利坚民族的灵魂中,他们认为"工作是一种生存手段,是创造财富,实现自我价值的方式。单位时间内所创造财富的数量和质量代表劳动者的能力"。他们一向重视效率,闻名全球的快餐业充分体现了美国人对时间与效率的重视。讲求效率,就必须严格遵守时间。

## 二、社会关系的差异

### (一)家庭概念

中国以家族为本位。"修身""齐家""治国""平天下"是我国人民立身处世的纲领。家在中国人心目中是生活的宇宙,是一个人生活的港湾,具有至高无上的凝聚力。孟子认为:圣人是"人伦之民",伦的核心是"绝对服从",幼服长,妻服夫。使家变得如此重要的原因之一就是"孝""百善孝为先"。"孝道"是中国的国本、国粹。

西方文化突出自我、突出个人，追求独立。长辈与晚辈之间可以直呼姓名。在西方，亲人间界限划分明确，老少聚餐，各自付款，对孩子也非常尊重，进孩子房间首先要问："我能进来吗？"强调以子女脱离父母独立生活、奋斗为荣，乐于谈论个人之见。

### （二）家庭结构

中国人重视家庭，血缘关系、亲情观念强。家庭结构比较复杂，三四代同堂是中国传统的幸福家庭。在这样的家庭中，子女年幼时依赖父母，成年后则对父母负有赡养的义务。哪怕成家立业，另设门户，和父母仍不分彼此，把赡养父母、侍奉父母，看作自己应尽的责任。

美国式家庭主要由父母和未成年的孩子构成，家庭结构比较简单。子女与父母之间没有太多的依赖性。子女一到成年，就会离巢而飞，父母不再抚养他们；而子女一旦独立，对父母家的事，也不再理会，一般也不会赡养父母或几代同堂了。这种做法虽然能够培养孩子的独立生活能力，但家庭成员之间的关系相对比较疏远。

## 第三节　中西方交际文化的差异

### 一、思维方式的差异

在面对世界的时候，中西方人眼中的世界是不同的，均按照各自的文化精神、宇宙观来思考和理解这个世界。

#### （一）感性直觉思维与理性逻辑思维

中国传统思维重视感性直觉思维，西方传统思维重视理性逻辑思维。林语堂认为："中国人的头脑羞于抽象的辞藻，喜欢妇女的语言。中国人的思维方式是综合的、具体的。""中国人在很大程度上依靠直觉去揭开自然界之谜。"这些话虽然极端，但不乏几分道理。中国自古以来逻辑学不发达，不善于理性的分析，逻辑思维和抽象水平较低。我们把两千多年前的墨家几何学和欧几里得几何学来进行比较，墨家几何形成"端""尺""区""中""平"等概念，而欧氏几何则形成"点""线""面""长""宽""高"等概念，显然"点"比"端"，"线"比"尺"，"面"比"区"，都要抽象得多，已经是抽象的概念。它们之间的区别是经验概括和抽象概念的区别，端、尺、区仍停留在直观性和形象性的层次上。今天许多人写文章仍喜欢用比较形象的词语表达深奥抽象的理论。如写作理论把直截了当的开头称为"单刀直入"，把巧妙地指出文章的主题叫"画龙点睛"，把轻描淡写称为"蜻蜓点水"。中国的形容词、成语特别多，几乎每个词都有一个意象，而抽象名词又特别少，这样使得优美、富有意境的汉语诗歌、散文翻译成西方语言时往往失去了原来的韵味；而西方的科学论文翻译成中文，又很难找到相近的词语表达，以致近现代一些翻译家不得不大量创造一些新的词汇适应西方科学著作的翻译。中国传统思维重内省顿悟、重类比推理，先直觉到某一真理，然后再用多种具体比较和形象寓意阐述。如论证"阴"和"阳"普遍存在，举出天地、日月、男女、君臣、气血等加以说明。这样一来，可能会产生许多天才的联想，但却缺乏严密性和科学性。西方重实验验证、重归纳和演绎。爱因斯坦把西方科学思维归结为形式逻辑和实验。形式逻辑使概念确定，实验使概念具有数学定量化的公式，并有一个最终对正确和错误进行评判的标准。由此我们不难理解，我国古代有世界最早、最丰富的哈雷彗星的观察记载，但计算出哈雷彗星的周期、轨迹的反而是哈雷和牛顿。

### （二）整体性思维与分析性思维

"以整体性为特征的'元气论'和以个体性为特征的'原子论'分别对中西思维方式产生了深远影响，前者横向铺开，注重事物的相互关系和整体把握；后者纵向深入，注重事物的分析解剖和个体研究"。中国人的整体观念根源于对自然界的朴素认识，按照自然界的本来面目把它当作一个整体来观察。人与自然、个体与社会不可分割，互相影响，互相对应，把一切都放在关系网中从整体上综合考察其有机联系。这种思维方式善于从客观的具象出发，通过类比联想对客体进行抽象，寻求其普遍性。这种多方向的类比联想包括从个体到个体、从个体到一般、从一般到一般和从一般到个体的思考，因此具有鲜明的综合整体特征。虽然这种整体观念比较容易把握事物发展的全貌，可是难以揭示现象背后的深刻原因，从而只能得出停留在现象上的结论。

分析性思维认为部分决定整体，认识从部分开始，从部分把握整体，由小到大。

北京大学哲学教授认为，在中国，占主导地位的是天人合一的思想文化传统。这种"天人合一"的思想为中国人整体性思维的形式奠定了基础。这位教授认为，在西方，占主导地位的是主客二分的思想文化传统。

西方人讲"物我二分"的二元世界观，柏拉图首次提出的"主客二分"阶段和笛卡尔开创的西方近代哲学明确地把主体与客体对立起来，提出"精神实体"与"物"的思想。十五世纪下半叶以后，自然科学进入了"对自然界进行分门别类的研究质实体"。同时存在但彼此独立的二元世界观，以"主客二分"作为哲学的主导原则等明显地体现了西方人的分析性思维模式。

### （三）曲线的思维方式与直线的思维方式

中西方人的思维轨迹是不同的，中国人的思维轨迹是圆形的、曲线的，西方人的思维轨迹是直线的。中国文化是圆形文化、曲线文化。中国的天象是圆形的。圆形的宇宙哲学意识深深地扎根在中国人的心中。北朝民歌"敕勒川，阴山下，天似穹庐，笼盖四野"就是这种文化的体现。《周易》的太极图是圆形的，阴阳的互相转化始终走不出圆形的桎梏。儒道互补的文化特色是圆形的，也在太极图的规范之内。既然是圆形的思维方式，有圆必有圆心，于是中国人认为北极是天之中央，众星辰围着北极而转，与此相对应形成了古代中国人的中央思想，中央是绝对权威，一切都得围绕中央而转，围绕皇帝而转。由此，中国两千多年的封建社会，虽经历多少次的改朝换代，中央集权制的官僚政体却一直保存了下来。

与中国文化相反，西方人的思维方式是直线的思维方式。欧几里得的几何学是直线的，亚里士多德的逻辑学是直线的，由此奠定了西方人直线思维方式的文化基础。西方人面对世界，通过理念或逻辑结构，使之变成一种可以交流的东西，以便所有人都能够依据公认的统一尺度决定对它的取舍。古希腊文化一开始就有很明显的科学倾向。希腊哲学史上的伟大哲人大都为宇宙的统一追求科学性的答案做出过贡献，到亚里士多德建立了逻辑学，奠定西方人科学的思维方式。西方文化发展的历史线索就是一个不断毁灭和新生的直线型的历史，西方文化在发展的过程中，文化的中心不断转移：希腊、罗马、威尼斯诸城、英国、法国、德国、美国。哲学上柏拉图的理念、基督教的上帝、黑格尔的绝对观念一个接一个地不断地被否定。从此，西方文化在以后的发展中把这种思维方式辐射到认识的各个领域。

### （四）模糊性思维与准确性思维

模糊性是中国传统思维的一大特点，而准确性是西方思维的一大特点。西方人将一日三餐 breakfast、lunch、supper 按照时间分得清清楚楚。中国人则不习惯于精确地确定一个词或概念的所指，而是习惯于在一种动态过程中，根据上下文等语境来确定其所指，例如"你吃饭了没有？"中的"饭"可以指三餐中的任何一餐，但人们往往无须指明，因为从说话时间就可推知"饭"的具体所指。

## 二、服饰文化的差异

中西方的服饰文化差异一直存在，从历史渊源、人们的生活习惯、文化传统和地理环境等方面，形成了各具特色的风貌和体系。中式服装崇尚装饰，富有传统的民族特色。西式服装注重展示人体之美，讲究穿着效应，善于显露和突出主体，有着浓郁的时代气息，是时代精神的反映。

### （一）中西方穿衣观念的差异

1. 中西方对服饰的审美态度差异

在几千年的历史传统中，中国是一个礼仪之邦，非常崇尚礼数传统与等级制度。古代中国的服装一向是被看作穿着者权力和地位的象征。加上儒家道家等几千年的源远流长的文化的影响，中国形成的服饰美学观念表现在服装造型上的是意象的结构，这种平面的直线与曲线的裁剪方法使衣服适体又不完全合体，不裸露张扬也不尽力束缚。在遮体的隐约之中含蓄地显现了流畅婉约、温情流动的人体曲线美。造型意识是节奏化的，在宽衣的贴体与离体之间流露气韵。当穿在身上时，起伏连绵的衣褶和曲直缠绕的襟裾，营造了飘忽自在的效果。在造型上使用这种没有明确凹凸的平面裁剪方法，求得了一个自成纹理、和谐统一的空间造型。这种平面剪裁的服装造型更趋向于整体感。因此，中式服装造型更显视域空间大，更显大气、大方的气韵。

西方有崇尚人体的传统，要求服装穿着者能更好地表现和反映人体的线条美。西方的穿着观念是服装穿着必须是为人体服务的，通过服装穿着能使人体显长掩短，把人体装点得更美。经历古希腊和古罗马文化的影响，遭受文化禁锢又到文艺复兴，无论服装式样如何翻新，西方的服装风格都受西方人士穿着观念的支配，都是为了极力地体现人体美。现今人们都崇尚穿着刚好合体的衣裙，在服装裁制时要求"收省"、"折裥"、做垫肩、系腰带、大坦领或开叉等，以及在裁制妇女服装时要求突出胸部的丰满、腰部的纤细，用裙子的长度来调节下肢，目的是进一步突出和强化人的身体美。洛可可时期的用鲸鱼骨支撑起的罩裙也突出了西方追求夸张华丽造型的特点。

2. 中西方的穿衣风格差异

东方文化的根深蒂固的集体主义价值观也影响了中国人民对衣着的偏好。古代中国人的穿衣风格比较保守含蓄，因为中国传统倡导自尊自爱，对服装不追求标新立异而注重"自我调节"，并往往是在调节新旧观念的冲突与外界观感的反省中寻求新的和谐。讲究穿着搭配上的协调、渐进与含蓄之美，非常愿意克制自己穿着个性的外露。中国的服装从秦汉到明代，虽有小的发展，但总的变化不大。一直到中华人民共和国成立前夕，在清朝服装基础上改造而成的长袍马褂，仍被国民党政府视为国家礼服，人们日常的穿着还是大褂、短袄、大裆裤、旗袍、百褶裤之类。到现代，虽然衣服的变化多样，绝大多数中国人的衣着也是在保守中求稳，喜欢随大流。

而崇尚个人主义价值观的西方人，对服装追求的价值观念是"个人本位"，以我为中心，其穿着也极具个性，敢于标新立异，我行我素，非常讲究穿着个性的表露。在街头几乎找不到有两个人穿着完全相同的服装，即使男性也是如此，敢于大胆地穿出自己的风格。混搭、撞色、堆砌，只有你想不到，没有你穿不到。他们认为，穿着与众不同的服装，是为了表示自己在社会中的存在以及自身存在的社会价值。但西方的这种穿着观念也有弊端，那就是容易走向极端，例如前几年西方街头出现的嬉皮士服装、补丁装和乞丐装等便是一例，最引人注目的莫过于音乐天后 Lady Gaga 那些令人震惊的肉片装、胶带装。

3. 中西方的穿衣观念特征

国人对服装价值的认识在于，如何在平面的衣片上面做图案的铺陈和各类装饰工艺的点缀。一是为了显示其社会地位，作为权力的象征；二是服装的装饰是反映服装美的一种最直接的表现。我国的传统服装，在细节上要求精致得淋漓尽致。不论是什么朝代的都不厌其烦地描龙绣凤，着眼于服装的开襟、衣领、袖边等细节部位的装饰，或在服装的长短宽窄之间做细小的变化，但是很少从式样造型结构方面去考虑它的改革和创新。这种观念的形成有其历史原因，在我国历来把服装与人同等看待。墨子曾说过："其为衣服，非为身体，皆为观好"，也就是把衣服本身当作一种独立的工艺品来欣赏。无论是"宽衣博带"的深衣或袍服之类的正规衣着，还是平常穿的便服、从繁缛华丽纹样与色彩，到精美绝伦的材料与工艺，都是围绕着"装饰"这个宗旨进行的。人们的日常生活规律也是如此，日出而作，日落而息，世代相传，不希望有任何的突破和变更。

西方人的服装造型重视的是服装造型结构的组合之美，所以服装造型富有变化，经常更新。西式服装的造型特征随着人体的运动姿态和穿着者的举止行动呈现为动态的时空造型，所以奥格尔称服装是"走动的建筑"，正是因为这样，西式服装的造型所追求的是在动的变化中产生的形体造型效果。所以西式服装的造型大都能适身合体，能符合人体高低起伏曲线变化的需要，能起到充分显露人体美的功能，有时还能显长掩短，达到修饰某些人体不足之处的特殊效果。

在今天，西式立体造型服装受到普遍欢迎，富有时代精神，成为时代潮流的象征，这与西方的服装穿着观念包含一定的科学性与合理性有关。西方人重科学尚进取，强调改变自然和征服自然。表现在服装方面就是，四季服装的色彩与时令季节的自然环境形成鲜明对比。比如，在五彩缤纷的春季喜欢穿着简练服装，有时故意裁制成男性化，以上这些均是与自然环境和规律相悖的。可以说，这是西方人的一种心理上的"扩张"和"征服"。

### （二）设计造型的差异

#### 1. 中西方服装结构设计的差异

中式服装的结构是按照人体站立时的静态姿势设计的。我国传统的中式服装从古代深衣制时就采用了人体两臂平展、两腿稍劈站立姿态的结构形式，因此，裁制成的服装是直线状、整片式、平面型的。普通的衣服穿在身上平直宽松、朴素简便、利于劳动。中式服装举手抬腿、蹲坐跨步都很方便，不受拘束。正因如此，中式上衣在晾晒、折叠、收藏时都很方便。由于中式上衣的结构是独片相连的，所以它是整片式的，裁剪方法比较简单。

西式服装非常强调符合体型，因而服装的结构较为复杂。它以人体结构的躯干、上肢、下肢的各个局部，分别设计出领子、衣身、袖子、裤筒等各个主要部位，并加上一些附属部件而构成整件衣和裤；而各个主要部件，也是按照人体外形轮廓的长、短、大小、粗细构成不规则的筒状、管状等形式。如由较粗大的胸围、臀围及较细小的腰围、更小的领围，构成不规则筒状的衣身、圈状的衣领；按臀、腿的外形构成的上粗、下细的袖管、裤筒等。

#### 2. 中西方服装的款式设计的差异

中西方服装的款式设计的差异与中西方人民的体型差异有重大关系。东方人比较娇小纤细，身体的线条比较柔和；而西方人比较健硕，骨架也相对粗大，身体线条也更加凹凸明显。

中式服装的款式偏向含蓄保守。我国传统的中式服装造型历来都是要求把人体严严实实地包裹起来，紧扣的衣领，宽空的衣身，长长的衣袖和裤、裙，似乎像只口袋，把人体装在里面。

相对来说，西方社会在服装的式样方面就开放得多，显露而变化多端。各类袒露、开放的造型是西式服装的造型主流，形形色色的大坦领、V字领、短包袖、马甲袖等，被频繁地交替使用着。在裁制夏装或晚装时，妇女们喜欢选用那些薄而透的衣料，尽显身材曲线之美。西式服装的造型除了崇尚袒露以外,也有讲究遮掩的,他们也有各种封闭裹身式的服装,但性质与中式的不一样。西式服装的裹身是立体紧窄式的,服装紧贴人体,能使人体曲线毕露,如近年来流行的紧臀式牛仔裤,用针织衣料制作的弹力衫或羊毛套裙等。西式服装的造型不论是袒露还是裹身遮掩,都是服装款式开放的结果,是从属于同一主题的两种表现。

3. 中西方对服装色彩的偏好差异

一个民族对颜色的喜好从某种意义上来讲正好反映了这个民族潜意识的性格特征。在上古时代,黑色被中国的先人认为是支配万物的天帝色彩。夏、商、周时天子的冕服为黑色。后来随着封建集权专制的发展,人们把对天神(黑色)的崇拜转向对大地(黄色)的崇拜,所以形成"黄为贵"的传统观念。传统服装色彩受阴阳五行影响,有青、红、黑、白、黄五色之说。它们被称为正色,其他颜色为间色,正色在大多数朝代为上等社会专用,表示高贵。在民间,正色也是人们衣着配色所喜爱和追求的颜色。后来高贵神秘的紫色也被皇室贵族指定为着装颜色。

而在西方,在罗马时代最流行的色彩是白色和紫色,白色代表纯洁、正直,紫色象征高贵。中世纪时哥特式教堂中彩色玻璃窗被装饰得辉煌灿烂,引导人们追求天堂的色彩,因此服饰上充满宗教气氛的色彩被人们向往。欧洲文艺复兴以来,随着服饰奢华程度的升级,明亮的色彩受到人们的欢迎。法国人特别喜欢丁香色和蔷薇色,也很迷恋含蓄的天蓝和圣洁的白色;西班牙人崇尚高雅的玫瑰红和灰色调;在英国,黑色被认为是神秘、高贵的色彩。

4. 中西方对服饰图案的选择差异

中西方服饰在对图案的选择上也呈现五花八门之势。中式服装喜好运用图案表示吉祥的祝愿。从古到今,从高贵绸缎到民间印花布,吉祥图样运用极为广泛。如龙凤呈祥、龙飞凤舞、九龙戏珠等图样,不仅隐喻着图腾崇拜,而且抒发着"龙的传人"的情感;像鹤鹿同春、喜鹊登梅、凤穿牡丹等图案,反映了人民对美满生活的希望。

西欧服装上的图案随着历史的变迁而不断变化。古代多流行花草放样,意大利文艺复兴时期流行华丽的花卉图案,法国路易十五时期,受洛可可装饰风格的影响,流行表现 S 形或旋涡形的藤草和轻淡柔和的庭院花草放样。近代有影响的流行图案花样有野兽派的杜飞花样,利用几何透视原理设计的欧普图案等。

5. 中西方对服装面料的选取差异

中国曾经是著称于世的"丝绸王国",所以裁制传统的中式服装均以丝绸为主要原料。利用丝绸裁制的服装,柔软滑爽、通气性好,夏季穿着凉快舒适,冬季穿着轻盈保暖。同时丝绸衣料色彩鲜艳,纹样图案精致细腻。选用丝绸衣料裁制服装,富有民族特色,并可缀以镶、嵌、滚、绣等各项工艺装饰,穿上以后给人以雍容高贵、窈窕妩媚的感觉。

西方国家在过去大都是以狩猎为主和以游牧为主的游牧民族,所以在原始社会时期,他们就懂得用兽毛皮来制作衣物,以保护和装饰自己。中世纪以后,西方国家的毛纺和毛织工艺得到迅速发展,特别是英国、意大利等国的毛纺工艺更为精湛,毛呢衣料的穿着日趋普遍。在当时,西方国家的男子服饰大都是用毛呢衣料裁制的,所以他们毛呢织物的品种也很多。毛呢衣料的特点之一是坚实、挺括、可塑性强。所以用毛料裁制成的服装,通过热塑变形和热塑定形(即俗称的推、归、拔工艺)处理,可使服装外形有高低起伏的变化,穿着后适身合体,给人以端庄、整齐、风度翩翩、充满朝气和活力的感觉。

## 三、交流语言的差异

### (一) 称谓称呼的差异

汉语中有着丰富的称谓系统,对所有的亲属及社会关系都有明确的称谓来定位。而英语中称谓则少得可怜。在我国,一贯以尊敬老人为传统美德,以"老"字为尊称,见了老人称"老先生、老大爷、老大娘"等;见了德高望重的长者称之"张老、李老";而政界资深的人则称为"元老"。而在英美国家中,人们最怕人恭维年老,在他们的意识中,old 是"无用"的代名词,因此,无论男女老少,都喜欢别人直呼其名,即使父子、母女之间也不例外,以此表示亲切友好。

### (二) 问候的差异

问候是一种十分普遍的语言行为,是人与人之间的礼貌准则的体现。由于文化的差异,中、英语言中的礼貌准则各不相同。如汉语通过对对方的衣、食、住、行等切身利益的询问,以示自己的关切;而西方人对别人的私事不大关心。

### (三) 答谢的差异

英语中 Thank you 的语用范围要比汉语中的"谢谢"宽广得多。它既可用于社交场合,又可以是家常用语。这在中国人看来,难免有些"见外"。甚至在拒绝别人的帮助时，也需要说 Thank you。不仅如此，英语中的答谢语也比汉语多。

## （四）告辞的差异

国人临告别时，主人通常说"没招待好，请多多包涵"，客人也常说"打扰你了，耽误了你的时间"。而英美文化中，客人则说"I've had a wonderful time. Good-bye!"，主人也常说"I am glad you've come."。中国主人把客人送出门时，常说"慢走。您走好"或者"外面很冷，请添件衣服吧！"以示关怀。然而在西方国家，这种关怀可能会被客人误解为别人怀疑他的生活能力。

## （五）请求的差异

中国人请求别人做事的方式比较直接，即使带上一个"请"字，也丝毫没有选择余地。譬如，"请把门打开""把灯关了"。然而，英语中提出请求时，语气则相对含蓄、委婉。

另外，英语和汉语一样，人们为了"回避"某些不便谈及的话题或使用某些词汇，常用一些委婉词语代替，即语言的禁忌（taboo）现象。例如，在讲究礼貌的场合忌讳谈大小便。因为排泄乃不洁之事，难登大雅之堂，从而就有了委婉说法，如：Use the bathroom，go to the restroom/ washroom，do one's needs 等。

# 第三章　文化对英语教学的影响

　　文化（culture）是相对于经济和政治活动而言的，它是人类全部精神活动和精神活动产生的产品的总称，它具有非常广泛和最具人文意味的含义。简单地说，文化就是衣、食、住、行、文、物等人类的生活要素形态的统称。所以，我们很难给文化下一个准确或者精确的定义。文化在人们的长期生产活动中产生，形成一种固定的习俗，环境不同，习俗就不一样，形成的语言和表达方式就不一样，在大学英语教学中就不能用相同的教学方式对待。本章分为大学英语教学的现状、文化差异对英语教学的影响、多元文化对英语教学的启示三部分。主要内容包括：大学英语教学中存在的问题、提升大学英语教学效果的应对办法、文化因素对英语教学的重要意义、文化差异对英语教学的影响分析等方面。

## 第一节　大学英语教学的现状

### 一、大学英语教学中存在的问题

　　《大学英语课程教学要求》中明确规定，大学英语教学是高等教育的有机组成部分，大学英语课程是大学生的必修的一门基础课程。经过多年发展，大学英语教学在课程定位、教学大纲、教学内容、教学手段和方法、教学评估、师资队伍、教学管理等方面，均取得了显著的进步。然而，随着我国改革开放的深化和经济建设的迅猛发展，大学英语的教学状况不容乐观，仍然存在着一些不尽如人意的地方。

　　（一）课时的局限性

　　鉴于各高校生源、师资力量及教学条件差异较大，《大学英语课程教学要求》将大学阶段的英语教学要求分为三个层次，即一般要求、较高要求和更高要求。一般要求是对高校非英语专业毕业生应达到的英语综合应用能力的最低要求，为使学生达到这一要求，多数高校每周开设四个学时的英语课，在这短短的四个学时课堂教学中，教师要兼顾听、说、读、写、译等多方面，学生实际应用英语的机会很少，听说能力很难得到有效提高。

### （二）教学模式单一

当前，部分大学的英语教学缺乏足够的分类指导，不能满足社会经济和科技文化发展对不同种类人才的需求。还有部分大学招生规模过大，教学班人数过多，有效的课堂教学活动受到限制，导致任课教师在教学内容、教学安排、教学要求和教学评估等方面不得不采取"一刀切"的办法，抹杀了学习者的个体差异，难以激发学生的学习动机和兴趣，学生学习英语的主动性和创造性受到压制，自主学习能力和学习策略未能得到充分的培养和挖掘，这使得一些基础较好的学生得不到脱颖而出的机会，在应用能力方面得不到更多的培养。

### （三）文化教育薄弱

传统的英语教学以考试作为最终目标，学生的动笔能力相对较强，口语能力与听力能力相对较弱，交际能力也相应处于弱势。学生即使掌握了完全无误的语法结构，发音标准，讲话流利，但却往往由于不了解英语文化而造成具体的交际失败。

归纳起来，我国大学英语教育体系存在着如下缺陷：重应试教育，轻素质培养；重认知教育，轻情绪教育和性格培养；教学方法落后、单调，师生之间缺乏合作；文化教育薄弱，没有形成对文化教育的高度重视。

### （四）大学英语师资力量薄弱

近年来高校大规模扩招，导致英语教师短缺。大学英语教师普遍超负荷工作，很难挤出时间自我充电。在当今知识爆炸的信息时代，不坚持更新自身知识，必然会落伍，无法适应未来的教学工作。由于目前一些高校职称晋升是以发表论文的等级、数量为重要衡量标准，许多教师集中精力写论文，课堂教学成了"副业"，教学效果如何不言自明。

### （五）应试教育现象仍然比较严重

全国大学英语四、六级考试是衡量教学水平的重要标准，对促进大学英语教学是十分必要的，对此必须持肯定态度。但问题是过分强调四、六级考试必然会将大学英语教学变成教师为考而教、学生为考而学、一切为了考试的应试教学,学生的应试能力也许会提高,但学生的英语综合应用能力得不到真正的提高,英语素质教育会演变成英语应试教育,这有悖于大学英语教学的教学目标。

### (六)大学英语教学设备不能适应教学要求

有些大学供英语教学使用的多媒体教室不仅数量少,而且教学设备陈旧落伍,不能适应教学要求。多媒体教室使用、维修、更新、管理办法还有待完善,缺少必备的教学移动硬件,教学课件的引进、制作、使用仍处于起步阶段,致使现有的多媒体教室没有得到充分利用,未能向学生提供良好的外语学习环境。

### (七)传统大学英语教学模式仍占据主导地位

《大学英语课程教学要求》对大学英语教学的目的提出了明确界定:大学英语的教学目标是培养学生的英语综合应用能力,特别是听说能力,使他们在今后的学习、工作和社会交往中能用英语有效地进行交际,同时增强其自主学习能力,提高综合文化素养,以适应我国社会发展和国际交流的需要。根据《大学英语课程教学要求》改革的全国大学英语四、六级考试加重了听说能力测试部分,意在引导大学英语教学逐步由以教师为中心的知识传授型教学模式向以学生为主体、以培养学生英语听说应用能力为重点的自主学习型教学模式转变。由于传统大学英语教学理论、教学模式根深蒂固,新型大学英语教学理论还未完全树立起来,而且缺乏多媒体教学设施,目前有些高校的大学英语课堂教学仍不得不采取"课本+粉笔+黑板"这种过时的教学手段,教师仍以讲解课文、词汇和语法知识为主,未能将培养学生英语综合应用能力付诸实践。

## 二、提升大学英语教学效果的应对办法

### (一)转变教育理念

当今信息时代的激烈竞争归根结底是人才的竞争。因此,全面推进素质教育,造就数以千万计的专门人才和一大批拔尖创新人才,是我国高等教育面临的紧迫而又极其艰巨的任务。面对社会发展对人才需求提出的更高、更新的要求,面对近年来我国在普及高等教育过程中教育的对象、教育的目标、教育的结构发生的巨大变化,我们必须转变教育理念、科学地分析大学英语教学发展的现状,探讨新时期大学英语教学的运行机制,这对于揭示大学英语教学的运行规律、营造适应新时代需求的课堂教学氛围、优化教学结构、提高教学效率具有十分重要的意义。

大学英语教学应当成为一种英语素质教育，它应根据学生的个体情况和社会发展的实际需要，以全面提高学生的英语综合应用能力为宗旨，以培养学生的英语听说能力为核心，以开发学生的潜能、增强其自主学习能力和创新能力为特征。因此，我们必须转变传统的"以教师为中心"的教育思想，树立"以学生为主体、以教师为主导"的教育理念，充分考虑教学内容与社会及个人需求之间的相关性，开展个性化教学，注重培养学生的自主学习能力。语言教学的基本特征是学生语言能力的获得必须通过师生互动得以实现，让学生在语言应用中学习语言，特别是听说能力的提高必须依赖于长期大量的语言实践。在培养学生英语听说能力的同时，应注意听、说、读、写、译等技能的协调发展；在加强阅读训练的同时，注重培养学生的表达能力，使其具备使用英语获取信息、处理信息和交流信息的能力。语言学习不仅仅是培养语言应用能力，而且还是传承中外优秀文化、增加人文和科学知识、提高学生综合素养的重要途径。应逐步改变重知识轻素能（素质和能力）、重应试轻应用、重死记硬背轻创新的教学观念，在大学英语教学中逐步构建新型英语人才培养模式。

## （二）课堂教学要以学生为重

社会发展要求现代教育培养的人必须具有创新精神和创新能力。教学方法改革要以学生为本，加强学生思维能力和创新能力的培养，应根据不同的教学对象和教学内容，将多种教学法、全新的教学观念和模式，以及思维和创新能力的培养有机地融合在大学英语课堂教学中，使学生掌握获取知识、运用知识的能力，以及分析问题并提出独立见解的能力和终身学习英语的能力。课堂教学应以教师为主导，以学生为中心。教师的作用主要在于成为学生学习过程中的引导者、合作者、鼓励者和咨询者。教师应精讲多练，尽可能多给学生思考时间、活动空间及表现机会，多让学生开口尝试，将"一言堂"转变为"群言堂"，创造出一种和谐、民主、愉悦的学习气氛，最大限度地调动学生学习的积极性，让学生自始至终参与知识形成的全过程。在这种自主学习的环境氛围中学生的思维才能活跃起来，英语综合应用能力才能得到提高，才能潜移默化地使学生养成踏实认真的学习态度和积极创新的意识。

## （三）注重自主学习能力的培养

学生个体因素差异较大，尤其是学习能力、学习风格和学习策略的差异，使得每个学生的学习过程存在较大差异。解决这一问题的途径之一就是自主学习。学生在大学相对宽松自由的氛围中应养成自主学习的习惯，将自主学习视为自己生活的一部分，从根本上消除学习上的被动因素。我们所提倡的自主学习，是在学校教育环境中创造一定的自主学习的空间，以期满足不同学生的各种需要、激发学习动机、提高学习效果，旨在培养学生终身自主学习的能力，以便将来离开学校以后继续学习。学校仍然是学习的主要场所，是学习资料的主要来源地；教师仍然具有传道、授业、解惑的作用，教学大纲仍然是指导学生学习的重要文件。学生应该有自己的学习目标，但这种目标不应与教学大纲的总目标相抵触。

### （四）探索新型的教学模式和教学方法

信息时代对当今大学生的英语综合应用能力提出了更新、更高的要求。学校必须树立新型的大学英语教学理念，改变传统的大学英语教学方法，探索新形势下的教学方法和教学模式。

首先，利用多媒体技术和网络技术优化大学英语教学模式。多媒体技术和网络技术无与伦比的优越性首先在于其丰富性和多彩性，能有机地集文字、声音、图形、图像等于一体，将所需教学资源以生动直观、图文并茂的方式快速地呈现在学习者面前，很容易激发学习者的学习兴趣。网络教学为学习者创造了真实的英语学习环境，大量的音频、视频语言材料使学习者置身于语言的海洋之中，更能使其感受到中外文化差异，更能有效地提高其英语综合应用能力。因此，必须突破传统教学方法的制约，重新审视现行教学方法，充分利用多媒体技术和网络技术改革并优化现行大学英语教学模式，探索新的教学模式。基于多媒体技术和网络技术的大学英语教学必须体现"以学生为主体，以教师为主导"的教学理念。网络教学在一定程度上体现了大学英语个性化教学和自主学习的原则，学生可根据自身需求和教学要求独立自主地进行语言综合能力训练。但语言技能训练离不开教师的宏观指导，教师应在充分了解教学大纲和学生实际需求的状况下，制订教学计划，传授学习方法，并通过辅导、检查等形式，引导、帮助和督促学生完成学习任务。在课堂教学中教师应随时解惑答疑，监控学习过程。

其次，将大班授课与小班操练相结合。教师将大学英语教材配套多媒体教学光盘通过大屏幕投影进行大班授课；适当增加师生间互动、参与度较高的教学活动，如课堂讨论、演讲、辩论等；组织小班课堂教学，营造宽松、活泼的课堂气氛，使学生在愉快的语言活动参与中学习语言。

最后，将第一课堂教学与第二课堂活动相结合。要优化第一课堂教学，丰富第二课堂活动，可成立由年轻教师组织筹划的英语课外活动指导小组，广泛开展丰富多彩的英语课外活动，如英语角、英语演讲比赛、英语辩论赛、英语讲座、中外学生联欢、原版英语影视赏析、收听英语电台广播等。课外活动的目的是让学生在轻松愉快的英语氛围中运用所学语言知识有效地进行口语交流，以满足各专业学生英语学习的多样化和个性化的需求，提高学生的英语听说应用能力。

## （五）积极培养学生的跨文化交际能力

外语教学的根本目的就是实现跨文化交际，就是与不同文化背景的人进行交流。大面积、全面提高外语教学的效率和质量，大幅度地提高学生的外语应用能力，这既是中国国民经济发展的迫切需要，同时也是跨世纪的中国高等教育的一项紧迫任务。为了实现这个目标，我们要正确认识到外语教育是跨文化教育的一个环节，要把语言看作与文化、社会密不可分的一个整体，并在教学大纲、教材、课堂教学、语言测试及外语的第二课堂里全面反映出来。联合国教科文组织在1996年出版的21世纪教育委员会的报告《教育：财富蕴藏其中》里提出，教育必须围绕四种基本要求：学会认知、学会做事、学会共同生活、学会做人。

国际教育界也一直在倡导"to know（学知识），to do（学做事）and to be（学做人）"。外语教学应紧扣世界教育的发展方向，为培养出具有跨文化交际素质的人才而不断努力。

实质上，英语学习本身就是一种跨文化交流。所以，在学习英语的过程中，必须将语言学习与文化学习结合起来，方能保证外语教学朝着良性方向前进，从而达到外语学习的真正目的。因此，在英语教学中引入文化教育的重要性不言而喻。文化教育崭新的教学观念、思维模式、教学方法、课程标准及教学手段无不蕴含着素质教育的精神实质。文化教育要面向全体学生，尊重个体差异，具有分级要求，为每个学生的充分发展创造了条件；文化教育须以人为本，培养学生良好的品德，注意学生的情感因素，帮助学生形成健全的人格，为其今后的持续发展打下良好的基础；文化教育能激发和培养学生的学习兴趣，帮助学生树立自信心，发挥其自主学习的能力，使其形成有效的学习策略，养成终身学习的习惯，以适应社会发展的需要；文化教育可以帮助学生掌握外语基础知识和听说读写的基本技能，达到必需的英语水准和获得初步的交际应用能力，以适应经济社会的职业竞争环境；文化教育通过语言实践，开发学生的智力，培养他们的观察力、记忆力、思维能力、想象力和创造力，从而培养高素质人才；文化教育能增进学生对世界各国文化的了解，培养学生的爱国主义精神，增强学生的国际意识，使之成为现代社会所需的开拓型人才。

## 第二节　文化差异对英语教学的影响

### 一、文化因素对英语教学的重要意义

外语教学应该包括对学习者语言能力、语言运用能力、社会文化能力和跨文化交际能力的培养。其中跨文化交际能力的培养首先涉及对本民族文化和目的语文化的态度转变。无论对于研究者还是普通外语学习者而言，文化能力即有关风俗、习惯、价值观、信仰和意义系统的知识，应该成为外语学习的一部分。现在许多教师已经开始把文化教学作为一个教学目标融入语言课程中。在过去二十年中已经受到足够重视的交际能力，强调的是"语境"的作用，认为在不同情境中交际者应该得体地运用语言。语境中蕴含着文化规则，发生在具体语境中的交际行为受文化的限制，所以实现有效、得体的交际要求交际者既要了解语言的语法知识（语法能力），又能够解读语境中暗含的文化意义（文化能力），两种能力相互补充形成交际能力。

当然，我们早已对以"行为主义模式"为中心的语言学习方法进行了批判。在此模式下，语言学习就是句型模仿，语言就是用来表述事件的词和句子的简单组合。在过去二十年中，研究语言与社会的关系成为潮流。外语教学方式方法、教学模式发生了明显的转变，然而，仍然有一些与语言教学本质有关的观念深植于人们心中，决定了外语课程的内容。这种观念既削弱了语言课程中的文化教学，又阻碍了学生跨文化交际能力的培养。

把语言仅仅当作一种符号，只学习语法规则无疑是一种错误的观念。在某种程度上，如果只对与语言有关的社会动态予以关注，而不能对社会和文化的结构有深远的洞察力，也可能导致跨文化交际中发生误解。所以，外语学习就是外国文化的学习，在外语课堂中应该教授文化，这是毫无疑问的，但是如何将文化融入教学当中确实是值得重视的问题。克拉姆契认为，文化对于语言学习不是可有可无的第五种技能，它附属于听、说、读、写的教学。从学习外语的第一天起，文化就一直存在于学习背景中，会干扰到学习者，挑战他们认识周围世界的能力，使学习者意识到跨文化交际能力的局限性。

外语教师逐渐意识到文化与语言不可分割的关系，缺乏文化因素的外语教学是不准确的，也是不完整的。对于外语学习者，如果他们对以目的语为母语的人们的生活习惯或是国家状况一无所知，那么语言学习便毫无意义。学习

目的语文化的重要性随着语言学习者与外国文化越来越频繁的接触逐步凸显出来，因为他们在跨文化交流中碰到的最大的障碍往往与语言的熟练程度无关，这种障碍就是母语文化的缺失，其直接后果就是语用失误。文化语用失误比单纯的语言错误更容易在跨文化交际过程中造成不良影响。如果说话者出现发音不准、用词不当、语法错误等语言问题，受话者一般都能谅解，甚至会对说话人敢于交谈的勇气表示钦佩。但对于说话者的语用失误，受话者就很难原谅。例如说话者口语流利、用词丰富、语法正确，但出现文化语用失误，就有可能被受话者认为是缺乏礼貌、不友好。正如美国语言学家沃尔夫森所说，"在与外国人交往时，讲本族语者趋向于容忍发音和句法方面的错误。相反地，他们常常把违反讲话规则认为是态度不友好，因为他们没能够意识到社会语言的相对性"。

由此可见，外语学习者在学习一门语言时不应忽视目的语文化的重要性。随着文化在语言习得中的重要性逐渐被肯定，语言教学研究者和语言教学工作者开始进一步探讨如何能够有效地在外语教学过程中渗透文化知识，于是就产生了"文化教学"这一概念。外语教学的目的主要是培养学生把语言作为交际工具来掌握。寓语言教学于文化背景的目的之一是发现并排除干扰语言交际的因素。不同文化层上的语用失误贯穿于英语学习和使用的每个阶段，因此，不同阶段的语言教学应与不同层次的文化教学有机地结合起来，从而建立一个相应的文化认知系统，使学生的英语水平得到全面提高。

## 二、文化差异对英语教学的影响分析

### （一）词汇差别使得理解发生分歧

中国与西方国家之间的差异有很多，比如说话方式、问候方式、风土人情等方面都有明显的差别。比如在语言词汇的学习中，有一些词就表现得很明显，如 freeze 这个词的基本含义是"冰冻""结冰"，在一些英语教材中也只介绍这个含义；但是在美国社会里，这个 Freeze！却是人人皆知的日常用语，是"站住""不许动"的意思。又如"狗"这个词，在中国它是忠实的象征，但在具体的语言应用中，如果一位中国人说"你是个像狗一样活着的人"，那么就意味着一种贬义，是对对方人格的侮辱，这句话中的"狗"同"狼心狗肺""狗咬吕洞宾，不识好人心"中的狗一样，它们大多为贬义。但是在西方国家，人们却对狗十分喜爱，如果有人说："You dog"，那么其意思是说"你很可爱"，并没有在骂人，而日常生活中人们也经常将那些幸运之人称为"lucky dog"。

对于这些词汇上的用法,老师应对学生进行必要的训练与扩充,使得学生在具体的英语对话中,能够充分了解其语意,从而更好地与西方人进行沟通。

### (二)语音差异使得学生的英语学习存在障碍

我国的母语是汉语,因而是一个字一个音节;但是在英语中却不是这样,英语中一个词有可能是一个音节,也可能是两个三个,甚至是多音节词。中西语言在音节方面的差异,使得中国学生在学习英语时,其能否正确发音就很成问题。此外,在发音问题上,还有一个很重要的因素是值得注意的,那就是语调。我国的汉语中,有四个语调,但是英语的发音规则里却没有单调的区分,这对于学生正确的发音与交流就存在很大的困难,学生不能用中国式的音调来表达自己正确的意思。英语中虽然没有音调的划分,但却有重音,而汉语中却没有,这也是重要的区别之一。因而,在我国的具体英语教学实践中,老师应注意对每个学生进行音节、重音等方面的培养与训练,注意学生的重音、句子结构等,让学生发出正确的音。当然,老师还可以开展一些英语活动,让学生进行口语的练习,如学唱英文歌曲、朗诵诗歌等形式,都是很不错的练习方法。

### (三)语法结构与句子构成导致出现中国式英语

如果学生不能充分理解英语句子的构成,那英语写作与阅读能力的提高,将会变得非常困难。在日常的英语学习中,很多学生由于不能掌握英语语法与句式,因而出现了很多中国式英语的句子,如"Hours read English every day. My English level high"。这样的句子是用汉语的思维写下来的,它完全不符合英语的表达要求。虽然这只是英语语法表达方面的错误,但究其根源,这是中西方不同文化特点所导致的。中国学生在中国式思维下,对英语句子进行组合与书写,使得中国式英语现象一直大量存在。因而,在具体的英语教学中,老师应对学生进行西方思维习惯的培养,使得学生在语法结构与构成方面,能对英语有一个更好的认识,从而保证英语能力的提高。

## 第三节 多元文化对英语教学的启示

### 一、多元文化的含义

当今社会是一个文化多元的社会,这是一个毫无疑问的事实。由于地理、历史、语言等方面的差异,各国、各民族在价值观念、宗教信仰、风俗习惯等方面形成了独特的文化认同，构成了各自的文化，各种不同的文化丰富和推动着社会的发展。多元文化的提出正是社会发展的产物，也是人们对文化进行深入研究的结果。

## （一）多元文化的提出

20世纪初，"文化多元论"作为对"同化论"的反叛问世，引起欧美学术界的关注。随着20世纪60年代欧美民权运动的兴起，"多元文化主义"跃出书斋，引入政坛，在西方各国备受推崇，并在教育、历史研究、文化批评和社会改革等不同的领域得到了不同程度的研究和运用。

就文化本身发展而言，长期以来，人们以达尔文的"进化论"为基础，认为文化是精英成员活动的总体象征，更是从野蛮到高度文明的发展历程。这观点自20世纪50年代以来受到质疑和批判。文化被认为是由不同时间和地点的人们以不同的方式集体所做的事情，"文化就是一定的时空条件下的一定的人类群体的生活方式、习俗、秩序与生存样态"。这种建立在相对论基础上的文化相对论，认为文化具有历史的特殊性，其意义取决于特定的情境。这一文化的理念成为现代多元文化主义的基础。"多元文化论"认为，一个国家由不同信念、行为方式、肤色、语言等多样化民族特色所组成的文化，其彼此间的关系应是相互支持且均等存在的。

此外，被称为"多元主义的赞歌"的后现代理论对多元文化也提出了自己的阐释。这一理论认为人类发展知识的方式和人类求知的手段都有了革命性的改变，所有的观念、意义、价值全部都可以从过去的固定结构中区别出来，应该尊重文化的差异。

随着欧美民权运动的兴起、文化本身的发展，再加上后现代主义的张扬，多元文化成了社会和政治生活的一个条件，成了国家政策中的一个重要组成部分。多元文化成为当代世界和社会发展中表现得尤为突出的世界文化发展问题，成为解决当今世界文化、民族和哲学价值观问题的普遍模式。

多元文化概念本身是针对传统的单一（单元）文化概念而言的。以往的文化发展定式是在一定的区域、地域、社会、群体和阶层中存在着某一种单一文化。而多元文化则是指在一个区域、地域、社会、群体和阶层等特定的系统中，同时存在相互联系且各自具有独立文化特征的多种文化。它不同于以往的文化存在方式，在空间上具有多样性，在时间上具有共时性。在这个概念的提出过程中，蕴含着对文化的几个基本假设。

①文化的平等性。多元文化观点认为，社会是由不同民族、不同群体组成

的，社会成分的多元化决定了文化的多元化。各种文化都有其独特的价值，并无优劣贵贱之分，因而各种文化都有平等的生存权和发展权。

②文化的交往性。多元文化必须是指在一个区域联合体、社会共同体和集体群体等系统内共存的，并在系统结构中存在着一定的相互联系的文化。文化间的交流和交往是多元文化形成的必要条件，也是它存在的基础。

③文化的差异性。各民族或集团在长期的历史发展中，通过其独特的生产和生活过程而逐渐确立起自己的文化，不同民族或集团的文化各具特色，表现出多元发展的特性。即使是在同一性质的群体、集团的内部，由于区域发展的不平衡，社会各阶层在社会中的地位和作用的不同，文化的自我更新、创造、变革的内在机制不同，同一性质的文化在同一社会的不同区域、不同社会阶层、不同历史时期，也会表现出一定的差异性，从而形成了文化的多样性。

④文化的内聚性。不同的文化之所以能共存于一个共同体内，其重要原因就在于各种文化不仅承认了彼此的差异性，更重要的是它们也发现了彼此间的共性，即各种文化间存在相互借鉴的可能。从这个意义上说，多元文化的实质目的不是要突出某一种文化，而是提供处理两种以上文化间相互关系的态度和方法。

虽然多元文化的现象一直存在，但"多元化"概念的提出却是全球化的结果。全球化一般是指经济体制的一体化、科学技术的标准化，特别是信息网络的高度发达，三者不可避免地将世界各地联结成一个不可分割的有机整体。全球化使某些强势文化遍及全世界，大有将其他文化全部"同化"和"吞并"之势，似乎全球化与文化的多元发展很难两全。其实，这只是事情的一方面；另一方面，如果没有全球化，多元化的问题显然也是不可能提出的。

全球化促进了殖民体系的瓦解，造就了全球化的后殖民社会。原殖民地国家取得了合法的独立地位后，最先面临的就是从各方面确认自己的独立身份，而自己民族的独特文化，正是确认独特身份最重要的因素。第二次世界大战以来，马来西亚为强调其民族统一性，坚持以马来语为国语；以色列决定将长期以来仅仅用于宗教仪式的希伯来文重新恢复为日常通用语言；一些东方国家的领导人和学者为了强调自身文化的特殊性提出了"亚洲价值"观念等。这些都说明当今文化并未因世界经济和科技的一体化而"趋同"，反而是向着多元化的方向发展。后殖民主义显然为多元文化的发展奠定了基础。

经济全球化和后殖民状态在西方社会也引起了阶段性的大变动，这就是以后现代性为标志的后工业社会的形成。后现代性大大促进了各种"中心论"的解体。世界各个角落都成了联成整体的地球的一个不可分割的组成部分。每一部分都有自己存在的合法性,过去统率一切的"普遍规律"和宰割各个地区的"大叙述"面临挑战。人们最关心的不再是没有具体实质、没有时间限制的"纯粹的理想形式",而首先是活生生地存在、行动、感受着痛苦和愉悦的"身体"。它周围的一切都不固定,都是随着这个身体的心情和视角的变化而变化的。这对于多元文化的发展实在是一个极大的解放。正是由于这一认识论和方法论的深刻转变,对"他者"的寻求,对文化多元发展的关切等问题才被纷纷提了出来。人们认识到不仅需要吸收他种文化以丰富自己,而且需要在与他种文化的比照中更深入地认识自己以求发展,这就需要扩大视野,了解与自己的生活习惯、思维定式全然不同的他种文化。法国学者法郎索瓦·于连在他的一篇作品《为什么我们西方人研究哲学不能绕过中国》中有一段话说得很好。他说:"我们选择出发,也就是选择离开,以创造远景思维的空间。在一切异国情调的最远处,这样的迂回有条不紊。人们这样穿越中国也是为了更好地阅读希腊,尽管有认识上的断层,但由于遗传,我们与希腊思想有某种与生俱来的熟悉,所以为了了解它,也为了发现它,我们不得不割断这种熟悉,构成一种外在的观点。"

其实,这个道理早就被中国哲人所认知。宋代著名诗人苏东坡有一首诗写道:"横看成岭侧成峰,远近高低各不同。不识庐山真面目,只缘身在此山中。"也就是要造成一种"远景思维的空间""构成一种外在的观点"。要真正认识自己,除了将自己作为主体,要有这种"外在观点"外,还要参照其他主体(他人)从不同角度、不同文化环境对自己的看法。有时候,自己长期并不觉察的东西经"他人"提醒,往往会得到意想不到的发展。

当然,最后还应提到,全球化所带来的物质和文化的极大丰富也为原来贫困地区的人们创造了在发展物质文化的同时也发展自身精神文化的条件。正是受益于经济和科技的发达,人类的相互交往从来没有像今天这样频繁,旅游事业的开发遍及世界各个角落。一些偏僻地区、不为人知的少数民族文化正是由于旅游和传媒的开发才得到发展的。尽管在这一过程中,不免会有形式化(仪式化)的弊病,但总会吸引更多人来关注某种文化的特色和未来。

## (二)多元文化的含义

"元,始也,端也",即每个"元",都是一个开始和起端。文化从来就不是一个一元的概念,文化上的多元性是社会发展进步中一般的文化现象。"多元"除了"多样性"的意义之外,还包含着多变性、不确定性的含义。从字面上看,"多元文化"是指具有不同起始端点的文化。多元文化是个比较费解的词语,人们很难完全明确区分其与多种文化、多样文化的不同。从历史上来看,多元文化正式进入人们的视野始于20世纪40年代的美国。从那时开始，民族冲突、移民美国等现象开始成为人们关注的焦点问题之一，人们发现不同种族和社会背景的人们很难和平共处，彼此的不理解多于理解。为了新的美利坚民族的形成，人们渴望通过和平方式使文化实现融合，而所有这些不同种类的文化合称"多元文化"，它是在一个社会、国家或民族中所存在的多种文化的总称。多元文化提出后，不同的学者和机构从不同的角度提出了对多元文化的理解。多元文化的含义可谓众说纷纭。英国著名多元文化教育家詹姆斯·林奇认为，多元文化指特定地域，如行政区、村庄、市镇、国家、同宗教区或全球范围内多种文化共同存在并相互作用的现象。

多元文化在20世纪五六十年代指的是两种文化现象：一是指殖民地和后殖民地社会的文化。在这种社会中，既存在着殖民国家的统治文化（特别是欧洲文化），也存在着原住居民的种族或民族文化，两种差异悬殊的文化并存。二是指不同的民族文化，即具有不同社会和文化来源的民族虽然共存，但民族之间及各民族群体之间的文化特性有着较大的差异。近年来，随着人们对文化认识的不断深入，多元文化的释义有了较大的变化。研究者认为，不仅殖民地国家存在着统治文化与被统治文化的分别，世界上发达地区和国家同样存在这种状况；并且价值体系、思想观念上的差异也不仅在民族间才存在，在社会各阶层之间、地域之间、年龄之间、性别之间、小群体之间和宗教之间同样存在着这种差异。

"多元文化"的含义已经不仅关注宏观层面——种族、民族差异，而且逐渐进展到涵盖微观层面——价值规范等的差异，开始越来越多地与"文化"自身的含义相对应。也就是说，"多元文化"指的是人类群体之间价值规范、思想观念乃至行为形式上的差异。简单来说，"多元文化"给社会生活的各个领域同时树立了多种价值标准。在当代中国，多元文化是指在社会主义初级阶段存在着文化上的多样性，既有绵延两千多年的中国封建传统文化，又有不同历史时期传入中国的西方文化，还有自"五四"新文化运动以来，在意识形态领域长期居于主导地位的马克思主义文化，以及中国共产党把马克思主义和中国文化精神相结合，在中国民主革命实践中创造的革命文化和改革开放以来在中国进行社会主义市场经济改革进程中出现的独特的市场经济文化现象等。各种文化因素交织一起，相互作用。

在多元文化的背景下，我们可以把各类文化种群产生、发展和共生、互动的观念系统进行伦理意义上的剖析。在技术主宰一切的大工业时代，人们对有用性和效率的追求是不可逆转的，这种观念、思想打造了人的灵魂，也构筑了多元文化社会的精神家园，如：人类中心主义、科学主义、片面的社会发展观、消费主义、个人主义、国家主义、民族主义、享乐主义等。而环境道德、科技道德、信息道德、国际合作精神、信仰问题、自由精神、人类意识等却相应弱化，心灵的全面教化和涵养受到轻视，文化生产沾染了技术生产的性格，追求文化产品的标准化、批量化，各种虚构的、怪异的、刺激的作品泛滥于文化领域。这一局面的出现与多元文化社会的形成是互为因果的，加之传统文化、民族文化、地域文化、大众文化、亚文化、小群体文化的纷纷崛起，高雅文化、精英文化的感召力和教化功能势必显得苍白。其中，任何一种文化都既不同于其他文化，又不同于历史上的自身。

"多元文化"不限于"文化"，而是囊括了给予各民族政治、经济、社会、文化等平等权的多重内涵。1995 年，联合国教科文组织在澳大利亚召开了"全球多元文化大会"。该组织提交给大会的报告对"多元文化"的内涵做了如下总结：多元文化包含各族群平等享有"文化认同权、社会公平权以及经济受益需求"。文化的含义进一步扩大了，而且"多元"的内涵也在扩展，从最初的非主体民族的外来移民族群或弱小群体扩大到妇女、残疾人，甚至包括所有族群的人。

对多元文化定义纷争的一个重要方面是关于如何界定文化的问题。由于文化这个概念的多义性和多层次性，界定它本身就是一个复杂的问题，迄今为止有关文化的定义已经超过百种。在多元文化中，文化的含义不仅仅是指狭义的文化概念，而且也涵盖了广义的人类文明现象，概括了人类的一般生活方式，它既包括了人类的文化知识内容和教育水准，同时也包括一定区域、社会、群体中的人的全部生活方式。因此，从宏观上讲，多元文化是包括人的多种哲学价值观、信仰、艺术风格、法律观念、风俗和人的行为习惯等的综合体；从微观上讲，多元文化概念中的文化也包括狭义的文化含义，即专指从人的生活中提炼、升华、积淀出的理性化的高度智慧的东西。因此，综合起来看，多元文化中的文化含义是指区域、社会、集团、群体和阶层中的成员所创造、掌握、运用和共享而又作为社会性遗产代代承袭的生存、生活和发展方式。它具有超越性，是超生物、超个体、超民族的社会化、理性化的群体文明的产物。

由此，多元文化的含义也是多层次的。它不仅指全球范围内不同民族文化的共存共荣，而且也意味着单一民族国家中的传统文化对其他民族文化的宽容及必要的吸收。在此探讨的多元文化，指的是由东方文化与西方文化、传统文化与现代文化等不同民族的异质文化及不同时空范围的文化所构成的系统。

## 二、多元文化教育的含义

### (一) 多元文化教育的内涵

多元文化教育的概念应如何阐述,至今学术界仍争论不休。美国教育人类学家葛阮德对多元文化教育的概念作了如下的定义:"多元文化教育是基于针对所有人的多样性力量、社会公正以及不同生活选择基础上的人性概念。"并认为:"多元文化教育不仅仅是对不同文化的一种理解,它认识到不同文化作为彼此区别的实体而存在的权利,并了解到它们对社会的贡献。"她还指出:"多元文化教育强调发展能够加强跨文化分析以及应用技巧,它同时也强调优先发展作为可靠性决策等的能力,以及获取和实现政治权利的能力。"

美国学者盖伊认为:"一种明确的多元文化教育哲学的阐述对于学校课程发展过程是十分重要的。它提供了一个概念化的参考框架。多元文化教育哲学认为民族多样性和文化多元主义应该是美国教育的一个重要组成部分和不间断的特征。学校应该教学生真正地将文化和民族多样性作为美国社会标准和有价值的东西而加以接受。这就意味着应该接受真实的、不同民族群体的知识,并培养适当的对于不同民族群体的历史、文化遗产、生活方式以及价值体系的态度。应该接受不同民族群体存在的权利,理解民族群体的生产类型的有效性和可变性,扩大个人在自己社区和其他社区中有效运作的能力。将保存民族和文化多样性作为一种保持美国社会丰富性和伟大性的方法,而加以促进。"

美国多元文化教育理论有建树的学者当推西雅图华盛顿大学的班克斯教授。他对多元文化教育概念的阐述,获得了许多学者的认可。他认为:"多元文化教育是场精心设计的社会变革运动,其目的是改变教育的环境,以便让那些来自不同的种族、民族、性别与阶层的学生在学校获得平等受教育的权利。多元文化教育理论假设,与其让那些来自不同种族、民族、性别与阶层群体的学生仅属于和保持本群体的文化和性别特征,莫不如让他们在教育领域获得更多的选择权,从而在社会化过程中获得成功。"

### (二) 多元文化教育的发展

多元文化在世界范围内的不断发展对教育研究也产生了重要的影响。多元文化教育的发展走向表现在如下几个方面。

1. 促进教育从一元走向多元

纵观人类文化发展历程,其经历了一个由文化一元隔阂到文化多元并存再到文化多元互动的过程。教育因其与政治、经济、文化的密切关系,面临着新的国际环境带来的挑战。教育应当成为和平以及国际理解的促进者；教育应当承担起培养年轻一代具有宽容、鉴赏、公平、尊重以及思考自由的品质的责任；教育不仅要宣传文化历史与传统对于当代社会多种文化的重要意义，更要致力于对文化的过程性、连贯性与变化性的理解与把握，促进文化的认同。教育应当成为引导学生尊重与理解其他文化、促进人类文化平等与和谐、推动世界稳定与发展的重要手段。多元文化教育包括为全体学习者所设计的计划、课程或活动，而这些计划、课程或活动，在教育环境中能促进尊重文化的多样性及增强理解可以确认的不同团体的文化。这种教育能够促进整合和学业成功，增进国际理解，并使其同各种排斥现象做斗争成为可能，其目的应是从理解自己人民的文化发展到鉴赏邻国人民的文化，并最终鉴赏世界性文化。

自 1937 年至今八十多年的时间里，联合国教科文组织在其组织召开的一系列国际教育大会中均体现出对世界上多元文化的承认，对各个民族文化的尊重以及对民族传统文化的保护、传承与创新的重视，表现出国际社会与国际舆论对多元文化教育的关注及其所采取的教育措施的一致性与坚定性。世界各国、各民族自古以来的多元文化教育系统及其实践各具特点，为改进、提高、相互学习借鉴提供了巨大的潜能和丰富的资源，成为教育改革、教育创新的巨大资源库，对这些资源的充分利用，不仅为教育提供了丰富的内容，同时也为教育成效的取得提供了丰厚的沃土。因此，当下的教育应当从多种文化中吸取养分，向学生展示世界不同文化间的异同，并为促进多种文化的生存与发展做出努力。

2. 促进教育从隔离走向理解

当今世界，人类活动范围逐渐扩大，人类社会由封闭、半封闭与隔阂的状态转变为半开放、开放与相互交往的状态，社会经济由地方性、自给自足向全球化转变。

历史的进程要求过去的文化孤岛被文化多元所替代，文化的排他性被文化的包容性所替代。不同人类群体间的交流也越来越频繁、密切，文化间的关系由相互疏远到相互接近、由相互孤立到相互依赖。这种世界文化格局及其所带来的文化怀乡的愁绪以及对民族文化的追思，引导人们从一个更新、更高、更远的视角去思考教育所培养的人的品格，去重新审视人类的文化与各民族的文化，去建构新的世界文化图景。与此同时，文化人类学的研究成果揭示了文化差异背后的人类的相似性与相通性，为各种不同文化民族的相互尊重、相互沟通提供了人类学的启示。

文化的变迁要求教育培养的人具备跨越文化边界，与不同文化背景的人进行交流、沟通与理解的能力以及在多元文化场景中的适应力。具体而言，跨文化人才的培养应从以下几方面着手。

第一，培养开阔的文化视界。多元文化教育通过对世界各民族文化的传播，开阔学生的文化视野，让他们了解、鉴赏本民族文化的历史渊源与文化精粹，同时也了解、鉴赏世界文化的起源、发展及精神实质。

第二，树立开放的世界文化观。多元文化教育在传递世界各民族文化知识的同时，还应进行文化观的渗透，培养跨文化意识，让学生不仅具有对本民族文化的深刻理解以及由此而生的民族自豪感和认同意识，而且具有对所有文化的尊重、宽容与接纳的意识。

第三，倡导积极的跨文化情感。多元文化教育的过程也是一个与本民族文化及世界文化的情感交流的过程。所以，多元文化教育应注重对学生跨文化情感的熏陶，使学生既不沉醉于本民族文化而盲目排外，也不羡慕其他民族文化而崇洋媚外，养成自尊、自爱、平等、开放、相互尊重的文化态度。

第四，提升全面的跨文化能力。多元文化教育要注重让学生掌握文化间对话、交流、理解的能力，养成参与民主决策的社会与政治的能力，提高在多元文化碰撞与冲突的局面下，敏锐把握文化动向、调整自身观念与行为的跨文化适应力。教育通过对文化进行选择、组织和重构，使文化得以再生和继承；教育通过对文化进行传递、传播、融合，使原有文化发生性质、功能等方面的变化，衍生出新的文化，带领人类超越器物的束缚和生命的有限而达到精神的自由无限。当代教育被赋予了前所未有的文化重任。通过多元文化教育提高世界文化的发展力是多元文化教育的重要特质和当代使命。

3. 促进教育从封闭走向开放

从全球范围而言，为冲破文化边界的藩篱、为解决文化间的冲突而实施的教育政策经历了三个发展阶段，即由突出种族优越感的同化教育演化到多种文化并存的多元一体化教育，然后过渡到多种文化互动的多元文化教育。第一阶段的主要特征为种族中心，试图融合全部现有文化，使之遵循一种文化普世原则；第二阶段的主要特征为种族多元，是一种基于对各种文化认可的文化多元视角的教育；第三阶段的主要特征为种族互动，是一种基于对多元文化关系的洞察的、符合文化发展规律的各种文化间的相互接触、相互渗透、相互影响的教育。多元文化教育的发展历程实际上是社会文化发展的历史脉络以及当代社会的文化间的平等交流、多样化发展的关系的反映，是一个从地区性教育行动到全球性教育行动的演变过程，是一个从文化静态取向教育到文化动态取向教育的转变过程。因此，新的世界局势要求重新审视主流文化教育的出发点与归宿，正视与改正教育中存在的局限性，满足多文化群体的文化需求，保证各种来自不同文化群体的学生能够学业有成。

当前，世界经济文化全球化的进程使得不同文化间的接触越来越密切，而文化的敏感性也日益加大，文化的多元需要人们用一种超越文化差异的且更高、更大、更远的视角看待文化，需要人们用一个新的多元的视角看待教育，培养具有民主、尊重、宽容、平等、自由、理解观点的世界公民。

多元文化教育倡导跨越地理疆界与文化边界的藩篱，正视由于文化自身的张力而带来的文化交流与碰撞，并将其视为文化多样性发展的动力；多元文化教育立足于对不同文化的相互尊重与交流以及不同文化间的理解与平等对话，强调文化间的互动；多元文化教育通过对跨文化人才的培养，推动世界文化的进步，促进人类和平事业的发展。历史表明，人类只有具备了更广阔、更开放的视野，才能了解世界各民族在各时代中相互影响的程度及其对人类历史进程的重大作用；人类也只有具备了全球的和全人类的宽阔视野以及更强的跨文化适应力，才能促进全球范围内各民族的和谐相处与共同进步。

## 三、多元文化下英语教学的原则

### （一）文化性原则

学生学习英语不仅仅是学习单词及其语法，同时也是在学习语言文化。语言既是文化的一部分，也是文化的重要载体，因此文化教学理应成为语言教学的重要组成部分。重视文化教学原则需要教师做到以下两点。

1. 加强文化知识的传授，鼓励学生积极参与实践

教师在强调基础知识积累的同时，应该贯穿英语交际能力的培养，注意英语文化知识的传授。例如，在课堂上讲授有关文化的知识，鼓励学生利用课堂、课外进行练习和巩固；积极举办英语"沙龙"活动或进行英语演讲比赛、话剧表演，开展英语讲座、听报告、听广播、看录像等，培养学生在实际中运用语言的能力和技巧，提高学生的听、说、读、写能力，增加学生的知识积累。

2. 利用教材渗透多元文化，提高学生的英语文化水平

在教材的处理上，教师可以结合课本内容，不断拓展、引出相关的文化信息。

词汇是语言中最活跃的成分，也是最大的文化载体之一。因此，在平时的

教学中，教师应注意介绍英语词汇的文化意义。英语中有许多词汇来自神话、寓言、传说，或是与某些名著有关。了解这方面的文化知识，有助于学生对英语词语的理解和掌握。例如，在英语中 dog（狗）是人们生活中的重要伙伴，甚至有时直接泛指人。于是就有了"Every dog has his day."（凡人皆有得意日），"You are a lucky dog."（你是个幸运儿）。在汉语里，用狗比喻人多带贬义，如"癞皮狗""走狗""狗腿子"等。另外，由于环境、历史和文化的不同，在表示相似的比喻或象征意义时，英语和汉语会使用完全不同的颜色词，如 blue pictures（黄色电影）、green hand（没有经验的人）等。

在语法教学中，教师也可以结合多元文化进行讲授。教师可以通过适当的英汉语言对比，启发学生讨论，增强学生的学习兴趣，增加信息量，扩大知识面，帮助学生牢固地掌握英语语法，提高他们运用英语的能力。例如，在总结名词复数形式时，变化规则中以"o"结尾的名词，一般情况下在词尾加 -es 构成，但是，由于英国多次受到外来种族的入侵，英语词汇中有很多外来词汇，某些外来词（tobacco，piano 等）则在词尾加 -s。

### （二）交际性原则

英语学习的最终目的是使用英语，英语教学的最终目的是培养学生对英语的综合运用能力。因此，在教学过程中，教师要始终遵循交际性原则，以培养学生的交际能力为最终目的。也就是说，要培养学生能够运用所学的语言知识在不同的场合、与不同的对象进行有效得体交际的能力。具体来说，教师在教学过程中需要注意以下几个方面。

1. 正确认识英语教学的性质

教师首先需要认清英语教学的性质。英语作为一种技能培养型课程，其教、学、用三个方面构成一个有机的统一体，三者之间是一种相辅相成的关系，其中"用"在这三个方面中处于核心地位。与学习游泳类似，使用英语进行交际的能力是在实际使用的过程中培养出来的，如果只有理论没有应用，就很难达到预期的目标。因此，在教学中应时刻给学生锻炼的机会，增加英语使用的频率。

2. 将英语作为一种交际工具来教

英语是一种交际工具，英语教学的目的是培养学生使用这种交际工具的能力。使用交际工具的能力是在使用当中培养的，因此教师要把英语作为一种交际工具来教，而学生要把英语作为交际工具来学，教师和学生在课上课下都要积极使用英语进行交流。

在英语教学中，教师或学生并不是单纯地教知识或学知识，而是通过操练，培养或形成用英语进行交际的能力。教师要尽量利用教具，为学生创造适当的情境，协助学生进行以英语作为交际语言的真实的或逼真的演习。这样学生不仅学得有兴趣、有成效，而且能真正学到英语的用场，学了就会用。

### 3. 在教学中灵活创设交际情境

要想让学生具备使用英语进行交际的能力，使学生能够在适当的地点和时间以适当的方式向适当的人讲适当的话，就应在英语教学中创设情境，开展多种形式的交际活动。众所周知，利用语言进行的交际总是发生在特定的情境之中。情境包括时间、地点、参与者、交际方式、谈论的题目等要素，在某一特定的情境中，某些因素，如讲话者所处的时间、地点以及本人的身份等都制约他说话的内容、语气等。

而且，在不同的情境中，同样的一句话也可以表达不同的意义和功能。例如，"Can you tell me the time"这句话可能表示的意思就有两种：一是向别人询问时间，是一种请求的语气；二是可能表示对他人迟到的一种责备。因此，在英语教学中，要把教学的内容置于一种有意义的情境之中，这样才有可能让学生充分理解每一句话所表达的意思。

在一定的情境之中进行的英语教学，还可以使学生身临其境，提高学生学习英语的兴趣。因此，教师在教学过程中要充分结合教材内容，利用各种现有的教具，开展各种情境的交际活动，这样对学生和教学都会产生有利的影响，收到不错的教学效果。此外，教师也可以设计任务型活动，让学生通过完成特定的任务来获得和积累相应的学习知识与经验，需要注意的是，这些活动需要具有交际的性质，才利于交际目标的完成。

### 4. 结合学生的生活来选择教学内容与活动

在进行英语教学时，现实生活这个因素也是需要考虑的，因为语言总是与现实生活密切联系的。因此，在英语教学中，教师应把语言和学生所关心的话题结合起来，给学生提供足够的、内容丰富的、题材广泛的、贴近学生生活的信息材料。这样的材料由于具有一定的现实性，因此容易使学生产生共鸣，从而调动学生的兴趣，也能促使他们认识到学习英语的目的在于交际，而不是应付考试。例如，在教关于交通工具的词汇时，教师可以联系学生的出行方式，引导学生想想自己每天是如何到学校的。根据学生的回答，如步行、骑自行车、坐公交等导入 on foot, by bike, on a bus 等单词与短语。又如，在大学英语教学过程中，教师可以结合学生毕业后面临的找工作的问题，训练学生撰写简历、通知等的能力。

## 四、多元文化教育对英语教学的影响

### （一）多元文化教育下的英语教师角色定位

多元文化教育对大学英语教师提出了新的要求和挑战，教师不再只是知识权威和真理的传授者，他们扮演的角色需要重新定位和完善。

1. 多元文化教育对教师提出的要求

（1）具备多元文化教育的知识与技能

知识是教师专业素质的基础。多元文化教育视域下的教师应该做到：一是教师要掌握双语，具有双语教学的能力；二是熟悉少数民族的历史，了解优秀民族人物的生平；三是教师要掌握学生的心理动向，正确引导学生对其他民族的偏见；四是在上课过程中，讲到国家辉煌历程时，不要忽视少数民族的力量。

（2）具备多元文化教育的态度与价值观

态度是人们在自身道德观和价值观基础上对事物的评价和行为倾向，表现为对外界事物的内在感受、情感以及意向。教师要具有多元文化教育的意识，在教学过程中要做到：平等对待所有学生；承认每个学生的独特性；尊重民族差异；鼓励学生用最佳的学习方式，使自己的教育方式适合于学生。这就要求教师要有自己明确的教育目的和教学目的，具有献身教育事业的精神，富有爱心，对学生的成长与发展充满责任心，同时具有坚定的教育信仰和教育自信，有足够的能力促进少数民族学生的学业改善。

（3）具备多元文化教育的教学能力

多元文化教育不同于传统教育，面对不同民族的学生，教师必须了解学生的文化背景，掌握学生的心理状态，具有多元文化教育实践能力。这些能力主要包括：多元文化教学策略、双语教学能力、在课堂教学中对学生要有积极的期待、创造文化多元的教室环境。由于学生的文化背景不同，学生对待学习的态度以及学习方法肯定有所差异。因此，教师在教学中应注意统一教学与个别教学的结合，既按照国家标准统一教学，又要充分注意了解各民族学生的特点，做到因材施教。

2. 大学英语教师的角色定位

（1）教师是多元文化的驾驭者

教师驾驭多元文化知识的能力直接影响到英语课程实施的好坏，直接影响到学生的学习情况。多元文化英语教师应具备多元文化教育观。日益发达的科学技术使世界变小了，各种文化不断交流与碰撞，面对文化矛盾，在英语教学中加强各种文化之间的相互理解就变得至关重要，还要让学生形成反种族主义、性别偏见和一切形式英语的歧视观。需要强调的是，必须破除与性别、民族、英语民族群体相关的成见，强调人类的基本相近性。在英语教学中教师要充分认识到这一点的价值，并建立起英语道德思考的技能。

教师应审慎地选择英语教材，消除有种族歧视、偏见等内容的教材，选择英语课外书籍或视听材料补充教材的不足，增强学生对其他族群的认识；尽量选择观点一致的教材，而避免选用一些有冲突认识的材料，避免在概念英语内容教学活动中掺入偏见的成分"。同时，不同英语学习群体的学生的文化背景中可能具有不同的语言，因而教师应该根据学生的语言特色，具备双语转换的技能，这样不仅有利于教师与学生间的交流，也有利于保存少数民族珍贵的语言财富。

（2）教师是本土知识的传授者

教师不仅仅要对其他族群文化要有相当的了解，教师也应该是本土知识的专家，对本土文化中所蕴含的文化特色、价值观和思维、行为方式等要有深刻的认识，作为知识的引导者和文化的传承者，教师有责任以一个真诚的面孔面对学生，将自己的本土文化知识融入课堂教学中，与学生进行平等的交流，可以为课堂教学提供更大的空间，同时有利于构建良好的师生关系。教师应该比其他人更敏锐地感觉到本土知识的存在，更重视保存、保护和发展本土知识的价值，并且懂得如何去发掘和研究学校所处社区的本土知识。在教学过程中，教师应该尊重学生在本土社会中获得的知识，而不是否定和贬抑本土知识的价值。教师可以引导学生比较本土知识和书本科学知识这两种知识体系，理解它们与各自赖以生存的本土社会境域之间的内在关联，将学生培养成能够将各种知识和认识论融为一体创造出新的认识方式和知识体系的人。

（3）教师是多元文化教学环境的创建者

学校的文化环境也可能成为学生的学习障碍。学校作为一种社会化机构，其目标、功能、课程、管理等属于主流文化，如果教师忽略了少数民族的文化，或不知如何塑造多元文化的教育教学环境，那么少数学生往往会在"家庭社区"

与"学校"之间的文化断层中找不到平衡点,产生适应困难。所以教师要致力于创设多元文化的教育环境。

首先,教师要建立与学生的信任关系。师生间的关系是影响学生成绩的主要原因之一,文化间的差异和教师的偏见易造成学生间的误解和隔阂。一旦这种疏离的关系形成,将对弱势群体学生的自我观念产生负面影响,使学生感到孤独和受到挫折。

其次,教师要营造一种积极的家庭式的氛围。教师要致力于提供充满关怀和尊重的教育环境,要充分理解学生的文化背景,不断寻找相关信息,将其自然地整合到教学氛围和课程中。教师只有是一个多元文化者,才能了解学生所处的文化环境,理解学生的文化价值观。教师只有从多种视角来理解文化,才能提供适合每一个学生的教学策略、动机模式和内容。

### 3. 大学英语教师的角色完善

多元文化教育背景下,教师的角色发生了变化。如何完善教师的角色转换是多元文化教育的重要任务。这不仅是教师个人不懈的追求,而且还需要学校的努力和政府的支持。

(1)教师的追求

教师角色完善的最终落脚点在教师个体身上。作为个体,每位教师要追求卓越,树立角色意识,充分理解多元文化中教师角色的多样性,加强学习,主动实践,提升素质。

教师角色意识是指教师对自身角色地位、角色行为规范及角色扮演的认识、理解与体验,不仅包括动态的教师对角色进行认识、理解的过程,而且也包括静态的教师对角色进行认识、理解的结果。树立角色意识是自觉完善角色的先导,角色意识影响着教师的教育行为,对教师角色成熟具有重要价值。明白角色地位和相应的角色行为规范,可以引导教师理解多元文化中教师角色的多样性,使其主动在多元文化的语境中审视自身,要求自己,规范行为,同时养成自觉学习和主动实践的习惯。

学习是教师提升专业化水平和走向角色成熟的必由之路。教师学习主要指在人为努力或外部干预下的教师专业知识、能力的生长变化。因此,教师应该在政府、学校政策和制度的保障下,加强学科专业知识、教育教学知识、人文知识的学习。不单单向书本学习,还要向同行学习,更要在实践中学习;不但学习书本知识,更要学习实践性知识,积累经验,提升专业能力。

教学实践是教师角色实现的途径,同时又是教师成长的途径。在实践中教师的理论知识才能发挥作用，得到检验。教师的实践知识、个人知识通过教学实践才能获得，教师的教育教学能力在实践中得到发展，教师的智慧在实践中得以养成。可见，实践既是目的，也是手段。多元文化境域中的教师要敢于实践，善于实践，勤于实践，在实践中完善角色，在实践中增长智慧。

（2）学校的努力

学校教育是由专职人员和专门机构承担的有目的、有计划、有组织、系统的，以促进受教育者的身心发展的教育活动。教师是学校教育的第一资源，离开教师或者缺乏优秀教师的学校难以肩负起培养人才的重任。为了培养高素质的教师，更新观念、营造氛围、完善制度是学校应当做出的不懈努力。

学校要不断更新观念，树立教师是第一资源的理念。教师历来被认为是学校教育基本三要素之一，但是长期以来许多学校决策者深受工具理性主义思想的影响，把教师当成实现教育目的的工具，一味功利性地追求教育效率和成果，不理会教师的情感和自我实现的需要，漠视教师的精神追求。如此便导致教师陷入盲目竞争之中，疲于应付各项指标任务，淡化了教师应有的角色职责，最终冲淡了教育的应有之义。改变功利观念，树立以人为本的理念，把教师当作学校发展的第一资源，关心教师成长，满足其精神需求，是促进教师角色完善的第一步。

学校文化氛围于无形间影响教师意识，潜移默化成教师的行为，其力量虽难以量化描述，却极其强大。但是，部分学校忽视校园文化建设，以应试为导向，让学校成为一个偏执的竞争场所，教师职责难以有效履行，致使教育失去其本真。为改变此种状况，学校应重视文化建设，积极营造平等、和谐、民主的文化氛围，让日日身处其间的教师得到平等的对待，受到应有的尊重，享有自由表达的权利，促其逐步完善其角色定位。

学校制度是要求学校内部人员必须共同遵守的规章或准则。制度具有指导性、程序性、规范性、约束性，同时具有鞭策性和激励性。学校制度规定教师的权利和义务，指导教师履行职责，规范和约束教师行为，激励教师发展。可见，制度建设是完善角色的重要保障。学校必须完善各项制度，特别是教师培训制度、评价制度、奖励制度。而且要加强制度的执行力度，让教师有章可循，有法可依，权益得到保护。

（3）政府的支持

政府是主流文化的倡导者、文化建设的主导力量，加强文化建设，推动文化事业发展成为政府的不二职责。面对文化多元化趋势，政府应该发挥主导作用，制定相应政策，在发展主流文化的同时承认文化的差异性，不歧视异域文化、少数民族文化等，构建理解和信任的文化氛围，采取宽容、平等和对话的方式促进文化事业发展。通过政策的推动，方能培养出具有多元文化视野的肩负着传承、研究和创造文化使命的教师。教师应在政策的保障下提升素质，提高专业化水平，切实履行职责。为此，世界各国非常重视文化建设，各自依据国情制定出相应的文化政策。

推动文化发展历来是我国政府矢志不渝的追求，我们"始终把文化建设放在党和国家全局工作重要战略地位"，我们的目标之一是"以民族文化为主体、吸收外来有益文化、推动中华文化走向世界的文化开放格局进一步完善"，同时要"积极吸收借鉴国外优秀文化成果"，而且要求"全面贯彻'双百'方针"。我们充分承认多元文化的存在和意义，并通过平等开放的心态鼓励"百家争鸣"，志在融入世界多样文化之中。我们追求"高素质文化人才队伍发展壮大，文化繁荣发展的人才保障更加有力"的目标，强调"推动社会主义文化大发展大繁荣，队伍是基础，人才是关键"，而且要"造就高层次领军人物和高素质文化人才队伍"和"加强基层文化人才队伍建设"。由此可见政府对文化队伍建设的重视。这为教师在多元文化教育中的角色完善提供了政策和制度保障，为其践行角色职责创造了有利空间，为其发挥角色职能搭建了强有力的平台。

教师、学校、政府，在完善多元文化教师角色的使命中发挥着不同的作用，三者缺一不可。教师是角色完善的具体体现者；学校是政策的实施者，是具体制度的保障者；政府是大政方针的制定者，是有力的保障。三者形成合力，承认多元文化，理解多元文化，吸纳多元文化，发展多元文化，实施多元文化教育，才能使教师真正成为多元文化的理解者，本土文化的传承者，多元文化的研究者、创造者和教育公平的实施者。

### （二）多元文化教育与大学生能力培养

在多元文化教育视角下，大学生应做好跨文化交际能力的培养。跨文化交际能力是指在特定的交际情景中，具有不同的文化背景的交际者使用同一种语言（母语或目的语）能够顺利进行交际的能力。大学生跨文化交际能力的培养可以参考下列方法。

1. 学会自我观察和自我了解

（1）自我观察

交际中的双方通常不会向对方询问自己的交际风格如何，或要求对方对此做出评价。在这种情况下，想要了解自己的交际风格与情感态度就需要采取自我观察的方法。通过自我观察，交际者不仅可以对自己的交际风格、情感态度形成一个正确的认识，还可以通过对方的反应来进行印证，并在以后的交际中发扬好的方面，改正或避免不好的方面，逐渐提高跨文化交际的能力。

（2）了解自身文化

每个人都生活在一定的文化之中，这些文化影响着人们对周围事物的评判标准。当人们接触到其他文化时，用本民族的价值观、社会规范和行为模式来加以衡量是一种习惯性的反应。因此，我们应了解自身文化的特点，尤其是本民族文化的优点与缺点，这有助于冲破本民族文化的藩篱，克服狭隘倾向，从而提高跨文化交际能力。

（3）了解自己的交际风格

交际风格是指交际者在交际过程中所体现出的自身的特点，具体包括以下几个因素。一是交际渠道，如言语的交际渠道、非言语的交际渠道等。二是交际形式，如巧妙对答的形式、仪式化的形式、辩论形式等。三是交际者感兴趣的话题种类，如股票、商务、艺术、家庭、职业、文学。四是交际者希望交际对象参与的程度。五是交际者赋予信息的实际内容和情感内容的多少。在交际过程中，人们通常很快就能察觉出对方的交际风格。一个不容忽视的现象是，人们往往很少留意自己的交际风格，这就为交际的顺利展开带来障碍。例如，一个交际者自认为是个开放型的人，但交际对象却认为他是内向型的人，这种情况下，交际很容易出现问题。所以，了解自己的交际风格对交际的顺利开展大有裨益。

（4）了解自己的情感态度

在交际前，人们往往会产生一种由预先印象或定式带来的情感态度。这种情感态度易干扰交际者的态度，使交际者戴着有色眼镜看人处事，从而导致误解或使交际者难以做出客观的判断。可见，交际者自身的情感态度也会对交际的质量产生重要影响。若能事先意识到这一点，交际者就可以尽量避免这种先入为主的情感态度，从而降低负面情绪对交际的影响。做到了上述四点，交际者就能更多地了解自己，这对交际者自身跨文化交际能力的提高大有帮助。

2. 掌握目的文化的信息系统

跨文化交际的顺利进行首先需要交际者掌握目的文化的信息系统，包括学习语言、认识语言和文化的关系以及掌握非语言交际系统。

（1）学习目的文化下的语言

语言是交际的工具，也是熟悉对方文化的重要途径。因此，要培养跨文化交际能力首先要让交际者熟悉目标文化的语言。当然，世界上语言种类如此之多，我们不可能全都学会，但学会世界上通用的语言、了解其目的地的日常用语还是很有必要的。英语作为一种国际通用语言，它不仅是大多数国家学校教育中的主要外语，而且还是国际会议、商务往来的官方语言和通用语言。因此，学习英语是提高跨文化交际能力的一个重要砝码。

（2）认识语言和文化的关系

语言承载文化，同时也反映文化。这一点在习语和谚语上表现得尤为明显。英语习语的特点是字面意思与习语本身的意思不同，只有了解习语的文化内涵才可能正确理解和使用习语，才能促进交际。另外，交际者的成长环境、教育背景也是影响其理解和使用词汇、习语的一个重要因素，因此交际者必须时刻注意这点，从而选择合适的词句表达和交际策略。

（3）正确理解和使用非语言符号

除语言符号外，人们在交际中还经常使用大量的非语言符号，如目光、体态、味道等。这些非语言符号在不同的文化中有着不同的含义，误用或误解非言语符号很容易引起误会或矛盾。因此，跨文化交际者必须正确理解和使用目标文化中非语言符号的含义，以促进交际的顺利进行。

3. 学会处理冲突事件

交际中难免发生冲突，而跨文化交际由于文化之间的差异更容易产生冲突。要想使跨文化交际顺利地进行下去，交际者就必须学会处理冲突。其中，退避、竞争、和解、折中、合作是处理冲突事件比较好的方法。

（1）退避

退避是避免冲突的一种常用、简单的方式。这里所说的退避不仅包括心理上的退避，如沉默不语或在预感可能发生冲突时绕开话题等，而且还包括身体上的退避，如远离冲突。

（2）竞争

竞争也是处理冲突的一种方法，但这种方法较为强硬，常表现为交际者通过威胁、言语侵犯、胁迫或剥削等方式将自己的意志强加于对方，从而使对方认同、接受自己的行为、观点、价值观等。

（3）和解

和解和竞争正好相反，它是指交际者放弃自己的立场、观点，接受他人的思想，从而与对方达成一致。这种方法在处理冲突时十分有效，但却意味着交际者本身较为软弱，或要求交际者本身对"谁胜谁负"持无所谓的态度。

（4）折中

折中介于竞争与和解之间，是指交际双方为解决冲突而找到一个双方都能接受的途径的处理方法。这种方法虽然能使交际双方都感到满意，但同时也意味着双方都要做出一定的牺牲或让步。

（5）合作

合作是通过富有建设性的方法来满足交际双方的需要和目的的一种处理的方法。合作不同于折中，它是以积极的态度来看待冲突、解决冲突的，以实现交际关系的融洽。

4. 注意物理环境、人际环境因素

（1）习俗

习俗是文化的一部分，入乡随俗是跨文化交际的一项重要的能力。如果不了解目标文化下的某些习俗，跨文化交际就会出现各种各样的困难。例如，日本人家里很少有沙发、椅子，很多韩国人不睡床，而睡在地板上。在出国之前，了解当地的习俗有助于我们更快地适应陌生环境，更顺利地实现交际的目的。

（2）时间概念

时间是交际活动中的一个重要因素。不同文化下的人对时间的取向不同，交际风格、过程也就有所不同。例如，单一时间取向文化下的美国人通常严格守时，迟到者有必要向他人表示歉意，做事也很讲究效率，交际风格较为直接。而多向时间取向文化下的人则不那么严格守时。例如，商务合同在2~3小时的午餐休息时间内签署，在会议快结束时才开始谈生意等现象就经常发生。

（3）物理环境

不同文化下，相同的交际活动有着不同的交际规则。例如在美国，商务谈判通常在会议室举行，谈判双方面对面坐着，气氛比较紧张。阿拉伯人则倾向于避免这种正面冲突，因此多采用圆桌会议或席地而坐的方式来进行谈判，使谈判气氛较为缓和。了解非言语交际中的时空语有助于交际者明了目的文化中的交际规则和交际风格，从而使举止更加得体，使交际行为更加有效。

5. 培养移情能力

移情能力是情感能力的重要组成部分，主要是指摆脱民族中心主义的束缚，不以本民族的价值观念看待和评判其他文化，设身处地为他人着想。沙莫瓦曾将移情的过程分为以下六个步骤：①承认世界的多元性和文化的差异性；②认识自我；③悬置自我；④以他人的角度看问题；⑤做好移情的准备；⑥重塑自我。

此外，还可通过营造跨文化的语言文化环境，转变学生长期形成的由本民族思维方式和认知模式带来的思维定式的影响，在多元文化交流和沟通中进行自觉的文化移情。

## 五、多元文化教育对英语教学的启示

### （一）培养学生的跨文化意识

跨文化意识如此重要，因此教师在教学过程中必须重视对学生进行跨文化意识的培养。在英语教学中，教师要充分利用现代化的教学手段，介绍英语国家的文化背景，让学生最大限度地接触一些英美本土文化信息。

跨文化的敏感性主要产生于两种途径。一是直接途径，也就是通过在外国文化中生活、体验的方式来获取文化信息，培养对异国文化的敏感性。这对我国国内学生来说显然不可能。因此，我国英语教师可以采用另一种途径培养学生的跨文化意识，即间接途径。间接的方法有很多，包括课堂学习、课外阅读、收听英美广播、观看一些英文图像资料等。但是英语课堂教学毕竟具有一定的局限性，因此课外学习活动是培养学生的跨文化意识的有效途径，教师应该鼓励并指导学生开展形式多样的课外学习活动，特别是要借助先进的现代化教学手段，加强学生的语言听说训练，直接在英语学习中给学生导入一些英语文化背景知识。教师应该鼓励学生观看英文原版电影、录像。由英语国家本族人所演绎的英文原版电影、录像都具有浓厚的英语文化气息，因此观看英文原版电影、录像是提高文化差异敏感性的一种非常有效的手段。对缺少英语语言环境的我国英语学习者而言，最大的困难就是从课本里学来的英文知识往往与现实生活中的语用实际脱节，而观看英文录像不仅可以扩大词汇量，增强听说能力，而且还能从中学到很多文化知识，在动态的电影录像情景中，学生更容易理解外国文化，印象也更为深刻。

### （二）增强学生的跨文化感悟力

通过文化差异的比较，学生在头脑中形成一种潜在反应能力，这种能力就是通过语言这一载体对英语所反映的文化内容的综合性的理解能力，也就是我们常说的文化感悟力。

在英语教学中，教师应注重对英语国家文化背景的介绍，使学生了解英美等国家的文化，通过比较英汉文化的差异，让学生明白不同的语言以及语言背后的不同文化，学会在适当的场合用适当的英语表达自己的思想，实现培养和提高学生运用英语在跨文化语境中进行正确交流的能力。

　　增强学生的跨文化感悟力,需要教师引导学生接触、理解文化差异。教师可以在课堂中教授文化知识。教材中有不少关于英语国家的生活方式、行为规范、价值观念、历史地理、文化艺术、风土人情、传统习俗等方面的对话和课文,教师应该让学生注意这些文化知识,增加学生对英语国家文化的感悟力。外语教师还可通过指导学生开展课外活动学习西方文化知识,如带领学生多读一些英语报刊、多听一些英语广播、多看一些原版影视资料来广泛接触和逐步丰富英语文化背景知识,还可以通过指导学生开展英语角、英语晚会、专题讲座以及课外实践活动,使学生在不断接触英语文化的环境中比较中英文化的差异,培养跨文化意识,增强跨文化感悟力。学生加强了跨文化感悟力,就容易理解交际中出现的文化差异了,如一见到 black tea,头脑中立刻明白这是中国人常喝的"红茶"。

　　总之,只有在教学中充分挖掘课程中的文化内涵,引导学生在课外了解英语文化知识,才能使学生认识到中西文化的差异,认识到世界文化的多元化,增强跨文化感悟力,最终形成较强的跨文化交际能力。跨文化意识就是指学生对于外国文化和中国文化异同的敏感程度,以及在语言交际过程中根据外国文化调整自己语言行为的自觉性。跨文化意识在现代的跨文化交流中有十分重要的作用,缺乏跨文化意识往往会造成跨文化交流的失败。

　　值得注意的是,在跨文化交流中,语言上的错误往往容易被别人所谅解,但是由文化差异所引起的错误比语言性的错误更为严重,难以得到别人的谅解。传授文化知识的目的在于培养学生的跨文化意识,使学生能够自觉地按照英语的文化习惯使用英语进行交流。如果忽略或轻视了跨文化意识的培养,就会造成只教授语音、语法规则、词汇这些纯语言知识的局面,从而影响了学生的语用能力,使学生不能正确地运用英语进行交流,不能进行符合英语社会文化性常规的交流。

## (三)激发学生对文化差异的学习兴趣

　　学生无论学什么,只有在自己真正感兴趣的情况下,才会充分发挥自己的主观能动性。学习英语也是如此。因此,在传授跨文化知识时,培养学生对文化差异的学习兴趣是英语教学必须考虑的一个方面。教师只有不断地改进教学方法,增加新的教学内容,将趣味性贯穿于教学过程之中,才能调动学生的兴趣,激发学生学习的热情。

　　教师可以通过教学方法、教学内容的对比激发学生学习文化差异的兴趣。

介绍文化背景，比较文化差异，最好的方法是透过语言看文化，通过所学的语言材料了解其中所含的民族文化语义。通过这种方法，教师可以把枯燥无味的词语解释、语法讲解等变得形象生动，使学生在活跃的气氛中不仅学到了英语语言知识，而且还领略到了英语民族文化，更重要的是能引起学生对文化差异的学习兴趣。

教师是教学的主导者，而学生是教学的主体，在教学中处于中心地位，教师传授的知识最终要由学生加以理解、吸收，而学生跨文化交际的能力主要靠实践来培养。英语教师应根据教学内容和学生特点，在课堂上采用灵活多样的教学方法和教学手段，并帮助学生树立坚持不懈、持之以恒的英语学习态度。在培养学生的学习兴趣的同时，教师还应当帮助他们养成良好的学习习惯，也就是教会学生学习方法。如果学生整天只会抱着课本死记硬背，则很难掌握实际的英语交际能力。教师在教学中一定要结合具体教学对象的学习实际采用行之有效的教学方法。英语是一种工具，英语学习是一个漫长的过程，文化信息需要日积月累，并且只有通过持之以恒的学习和大量的实践训练才能做到活学活用，形成驾驭英语语言的跨文化交际能力。

英语教学要把讲解语言知识和介绍文化背景知识、比较中英文化差异有机地结合起来，充分发挥文化背景在教学中的积极作用，培养学生对文化差异的敏感性。

# 第四章　英语教学中的文化教学

　　文化教学作为高校英语教育中的重要组成部分，对大学生的跨文化交际能力有很大的提升作用。在高校英语教育变革下，文化教学在高校英语教育中的地位也有了显著的提高，英语教师在授课过程中要注重对教材中文化因素的挖掘，结合时事进行分析，组织学生交流，培养学生的语言文化学习能力，使学生可以进一步明确文化差异，提高交际能力，克服语言学习的障碍。本章分为文化教学的重要性、英语文化教学的目标与内容、英语文化教学的策略分析三部分。主要内容包括：文化教学是语言教学的一部分、文化教学是实现跨文化交际的关键、英语文化教学的目标、英语文化教学的内容、英语文化教学的原则、英语文化教学的方法等方面。

## 第一节　文化教学的重要性

### 一、文化教学是语言教学的一部分

　　文化教学是英语教学的重要组成部分。传统的英语教学主要包括语言、语法、词汇和修辞四个方面。它们既是英语语言的四个要素，又是我国英语教学的中心任务。但是，仅仅掌握这四个方面并不意味着就掌握了语言的全部内容。这是因为语言与文化紧紧相连，密不可分。

　　任何语言都是某种文化的反映，英语也不例外。学生如果仅掌握了英语的语言、语法、词汇、修辞，却不了解英语语言所承载的文化，就很难正确理解和使用英语。由于语言既是文化的产物，又是文化的一种表现形式，因而语言的使用必须遵循文化的规则。换句话说，文化决定思维，也决定语言的表达方式。

综上所述，语言与文化有着密不可分的关系，两者相互影响、相互作用。语言渗透于文化的各个层面，是文化的重要组成部分，因此语言的学习不可脱离文化而单独进行，从某种意义上讲，外语教学就是文化教学。

## 二、文化教学是实现跨文化交际的关键

英语教学的最终目的是发展学生的英语交际能力。近年来，随着我国与其他各国关系的日益密切，英语的作用也日渐突出，社会对英语人才的需要也更加迫切。在这种形势下，教师除了要向学生传授语音、词汇、语法等基础语言知识，培养学生的听、说、读、写、译等技能外，还要向学生传授英语语言的背景文化知识，包括历史、地理、风俗习惯等，特别要引导学生了解中西方文化的差异，最终培养学生的跨文化交际能力。

## 三、文化教学是素质教育的重要组成部分

不同时代，社会对外语人才的需求不同，因此不同时代的外语教学要求也会有所不同。21世纪，英语教学的目标是培养学生的综合素质。从某种意义上讲，学习一种新的语言，就是掌握一种新的交际技能，也是了解一种新的民族文化。学生通过对中西方文化的对比、分析，既能客观、全面地认识英语文化的要素，又能以新的洞察力重新审视、认识本民族文化，进而在国际交往中做到知己知彼。只有这样，学生才能具备较强的国际理解力和国际竞争力，才能在经济建设中起到桥梁作用，积极有效地推进中国与世界各国之间的交流与合作，促进我国社会的发展。

此外，在进行文化教学时，教师要注意平衡地介绍中外文化，既要介绍西方文化中优秀的人类文化，也不能忽视中华民族的文化精髓，并且通过学习国外文化，对自己民族的文化产生更深刻的认识。这样，学生在将来不仅能适应外国的文化环境，而且还能将本民族中的优秀文化传递给外国人民，促进国际文化的双向交流，为世界文化的繁荣发展做出贡献。

## 四、文化教学是促进国际交流与合作的需要

外语教学的根本目的在于与不同文化背景下的人进行交流，促进、加强中国与其他国家的对话与合作。在全球经济一体化的今天，文化领域的相互交融也不容忽视。同时，提高学生的外语交际能力，已经成为中国经济发展和教育改革的一个迫切需求。因此，我们要意识到，外语教学是跨文化教学的一环，

要将语言、文化、社会看作一个密不可分的整体，并在教学大纲、教材、课堂教学、语言测试、课外活动中反映出来。

## 第二节 英语文化教学的目标与内容

### 一、英语文化教学的目标

近年来，我国大学外语教学研究的重要课题之一是交际性教学原则的研究及其在教学中的应用。与此密切相关的则是对教学中语言与文化关系的探讨。根据教育部制定的《大学英语课程教学要求》，大学英语教学的教学性质和目标的定位如下：第一，大学英语教学是高等教育的一个有机组成部分，大学英语课程是大学生的一门必修的基础课程，大学英语是以英语语言知识与应用技能、学习策略和跨文化交际为主要内容，以外语教学理论为指导，并集多种教学模式和教学手段为一体的教学体系。第二，大学英语的教学目标是培养学生的英语综合应用能力，特别是听说能力，使他们在今后的工作和社会交往中能用英语有效地进行口头和书面的信息交流，同时增强其自主学习能力，提高综合文化素养，以适应我国社会发展和国际交流的需要。第三，大学阶段的英语教学要求包括英语语言知识、应用技能、学习策略和跨文化交际等方面的内容，并以定性和定量的描述体现大学英语教学目标。

《大学英语课程教学要求》对于外语教学的交际性原则、语言与文化的关系等做了较为明确的规定，同时在整体精神与许多具体部分的表述与教学要求上也体现了交际性原则。这是一个明显的进步，是我国外语教学界在语言的本质和功能等方面认识深化的一种表现。然而，长期以来，大学英语教学中存在着重知识、轻能力的现象，教学指导思想一直以教师为中心，学生只是被动地接受知识。这种单一的以教师为中心的教学模式只是让学生被动地接受知识，不利于调动学生的学习兴趣和积极性，也不能有效地培养学生实际运用语言的能力。如此尴尬的局面为我国的大学英语教育敲响了警钟：重视英语教育的文化目标刻不容缓。

对于外语教学目标的制定来说，相关影响因素是比较多的。在明确教学目标之前，外语教师要加强调研，进行大量的相关调查和分析，加强对调研结论的研究和分析，在通盘考虑后明确外语教学目标以及框架的具体范围和特色，最终保证外语教学目标的科学合理性。对于外语教学目标的制定来说，最后应当用具体化目标形式呈现出来，只有这样才能用来指导具体化的外语教学。在制定具体的教学目标方面，可以借鉴和运用美国著名教育家和心理学家布鲁姆的目标教学法，且其应用效果是比较好的。

布鲁姆提出应该运用分类学思想把教育目标分类、具体化的建议。教师可依拟定的教学目标规划，对规划进行再分类，对分类进行再细分，直到呈现出所有的具体教学目标为止。如，教学目标可以分为五类，即语言知识、语言应用、学习策略、自主学习能力和跨文化交际意识。还要继续细分这五大目标。语言知识及语言应用方面的目标比较好制定，因为相关内容的研究比较多。其他三个方面的教学目标在具体细分时，要遵循以下原则：学生学情调研，用以了解学生在这三方面的不足；相关理论研读，由于我国传统英语教学不太重视这三方面的因素，且目前的研究也还不十分成熟，各学校教师应深入研究这三个领域的相关理论，并创造性地把这些领域的理论和学生学情相结合，制定出符合实际的教学目标。有了具体的教学目标后，还要把学习策略、自主学习能力、跨文化交际意识等方面的教学目标尽量渗入语言知识目标体系或语言应用目标体系中去。以语言知识和语言应用目标体系为依托完成其余三个目标体系的学习任务。

另外，针对外语教学目标的制定来说，主要可以分成三大层次，第一层次为一般要求，第二层次为较高要求，第三层次为更高要求。通过层次划分来应对不同英语学习水平学生的学习。各个层次的教学目标体系往往都是从容易到困难依次递进的。这样形成的外语学习目标体系才具备可操作性。在明确教学目标之后，还要明确具体化教学目标的实施方式和渠道，要明确在设置的课程中相关课程对应的相关教学目标。具体来说包括课堂教学、课外自主学习、英语选修课学习、英语第二课堂学习及其他学习途径等。不但要明确这些教学目标分散到对应教学渠道内的方法，而且要明确相关教学渠道适合的教学目标是什么，这些都是值得外语教师探讨的问题。另外，这些教学目标的具体实施是建立在与学生良好的沟通基础之上的。所以，在具体的教学活动开展之前，外语教师必须让学生全面了解整体外语教学目标体系的内容，让学生明确自身的外语学习任务，让学生打有准备之仗。这样，教师不仅能做到心中有数，学生也能做到心中有数。

教育部提出的《大学英语课程教学要求》指出："大学英语的教学目标是培养学生的英语综合应用能力，特别是听说能力，使他们在今后学习、工作和社会交往中能用英语有效地进行交际，同时增强其自主学习能力，提高综合文化素养，以适应我国社会发展和国际交流的需要。"这是国家对大学英语教学提出的教育目标，是大学英语教育教学活动应达到的基本要求，也是制定教学大纲等教学文件的依据和落脚点。具体来说，针对受教育者来说，必须达到两大方面的要求：第一，必须具备一定的英语综合运用能力；第二，必须具备较强的自主学习能力以及较高的文化修养。具有这两种能力的质量评价标准是学生在进入社会后，能利用英语作为交流工具，进行口头和书面的信息交流并适应社会发展和国际交流的根本需要和要求。

根据《国家中长期教育改革和发展规划纲要》，中国高等教育的重要目标之一是"培养具有国际视野、通晓国际规则，能够参与国际事务与国际竞争的国际化人才"，那么，大学英语教学的另一个重要目标就是"培养学生参与国际事务和国际竞争时所需要的英语沟通能力"。在学生英语实用能力的培养中，各大学应该根据各个学校的人才规格定位，根据今后学生工作岗位的实际需要，科学地、实事求是地确定英语教学的目标定位。例如，商务类专业的学生应该具备商务场合与国际同行交流的能力；金融专业的学生应该具备在金融领域使用英语进行专业活动的能力。因此，这类学校的英语教学目标就是"英语能力＋专业知识＝用英语从事专业活动和国际交流的能力"。根据这样的目标，对大部分高校来说，大学英语教学就应该是在训练学生听说读写能力的同时，特别关注学生专业领域英语使用的能力。英语课程应该与专业课程结合，培养学生在专业领域使用英语的能力。

大学英语教学目标指引着教学活动设计的方向，控制着教学活动的实施过程，并为教学效果的评价提供了标尺，在大学英语教学活动中具有举足轻重的作用。总之，教学目标制定的科学合理性直接影响着教学的成败，直接影响大学英语教学的内容、方法、评价以及效果等各方面。教学目标总是随着社会的发展而不断改进。我国教育部颁布的《大学英语课程教学要求》对大学英语教学的目标描述为"大学英语的教学目标是培养学生的英语综合应用能力，特别是听说能力，使他们在今后学习、工作和社会交往中能用英语有效地进行交际，同时增强其自主学习能力，提高综合文化素养，以适应我国社会发展和国际交流的需要。"教学目标从原来的以"提高学生的阅读理解能力"转变为"培养学生的英语综合应用能力"。和之前制定的教学目标相比，在一定程度上改变了仅以考试成绩作为评价英语教学效果唯一标尺的现象，它突显出了交际、自主学习能力以及文化意识的重要性，对我国的大学英语教学有一定的宏观指导作用。

文化教学作为大学英语教学中的重要组成部分，有三个教学目标，即文化知识的传授、文化意识和文化能力的培养。文化知识学习是进行跨文化交际的前提，主要让学生在英语教学中掌握母语与目的语国家的价值观念、文化传统、风俗习惯、礼仪常识、生活方式等；文化意识是进行跨文化交际的保证，它能引导学生在外语教学中注重目的语文化和母语文化间的差别，并能在日常的学习、生活中比较和体会，从心理上认可其存在的合理性；文化能力是英语教学的终极目标，它是指在文化知识和文化意识的基础上，培养学生在英语教学中有意识地运用文化知识进行跨文化交际的能力。

对于第二语言学习和文化教学的研究，并不是从当前开始的，早在20世纪50年代就已经在美国出现，美国教育界的有识之士很早之前就进行了这方面的研究，国内外语界有关语言与文化的讨论亦时而有之。近年来，我国外语教学人士已经普遍意识到语言文化因素在教学过程中的重要价值。语言教学必须与文化教学相结合，已逐渐成为共识。文化教学指的是，在语言教学中对文化背景知识的导入，对学生跨文化交际能力、文化意识的培养，以及增强其对文化差异的敏感性和鉴赏能力。从大学英语文化教学的角度讲，"交际文化的重要性甚于知识文化"。我国大学英语的教育目标旨在培养学生的英语综合应用能力，其中，着重强调语言的实际交际功能，尤其把语言的社会文化性因素纳入对学生的语言基础和技能的培养内容之中。因此，在大学英语教学中，增强学生的社会文化意识和跨文化交际能力具有重大的现实意义。

## 二、英语文化教学的内容

文化的内容纷繁复杂，让学生在有限的大学英语课时中掌握英语国家全部的文化知识也是不太可能的。要想明确大学外语教学的实际内容，要从多个方面、站在多个角度上深入分析。

从背景文化的导入方面来看，相关人员认为大学英语教学的内容主要包括目的语国家的人们的生活方式、思维方式和行为方式等，结合大学英语教学要求等内容，笔者认为英语教学中的文化教学的重要内容是背景文化。文化背景是指某种语言从产生到使用所经历的社会历史文化背景，在大学英语教学过程中，对于背景文化的导入应包括以下五点内容：第一，地理常识，如英语国家的地理位置、气候特点等；第二，历史背景，主要指英语国家的起源、发展、历史大事件等；第三，政治经济，主要指英语国家的政治制度、经济制度、法律制度、社会福利等；第四，文学艺术、宗教信仰，主要指英语国家的著名文学艺术流派及成就，主要的宗教派别等；第五，风俗习惯，主要指英语国家的家庭观念、饮食文化、生活方式、思维方式等。

针对词汇文化语言以及文化的关系来说，两者是相辅相成的。语言包括的要素是比较多的，不仅包括语音、语法，还包括词汇等，在多个相关要素中，和文化关系最密切的要素是词汇，且该要素对文化的反映更加直接。可以反映人类社会文化生活的工具比较多，词汇就是最主要的一个，词汇不仅属于语言的一大基础材料，也是语言中最活跃的一部分，词汇承载着的文化成分是比较多的。大学英语教学中关于词汇文化的教学主要集中在如下几类：①表示特有的事物与概念的词汇，如语面意义与汉语相同，但文化含义与汉语不同的词汇；②体现英语民族的文化传统的习语、成语、典故等，如 to fly off the handle（情绪失控，勃然大怒），to bark up the wrong tree（找错了门；错怪了某人），这两个短语与美国早期开发西部地区相关；③美国文化特有的产物，在汉语中也找不到完全对应的词汇。

在每一个单元的教学中，首先要进行词汇教学。教师应在课前要求学生对每个单元的词汇进行分类预习，即该词汇属于哪个文化主题（即文化产品、文化实践、文化社群、文化观念以及文化个体其中之一）。学生可以使用网络、词典等相关工具进行查询，获得其各个方面的信息，如文化背景、含义以及意义的变化等，以备在课堂上进行讨论。课堂上，在词汇教学中，词汇的上位概念和下位概念的延伸讲解阶段作为搭建脚手架阶段，学生围绕每一个词汇进行相关的"头脑风暴式"联想，即进行体验，形成五个相关主题的互动，形成以某一个文化主题为核心的圆周进行互动。在使用英语表达自己观点的过程中，要联系自己的经历或者经验（包括自己的预习所了解的）进行阐述，就像维果茨基认为的，人的心理发展既是个体的，又是社会的，个体的知识建构过程是与社会共享的理解过程不可分离的，学生自己的经历或者经验作为一种建构的知识与社会、文化等须臾不可分离。我们可以认为，新获得的知识与学生本身认知结构中已有的相关概念发生联系，所以学生发生了有效学习，从而形成自己对于相关主题的观念和认识，这种过程就是一种文化体验过程。这样围绕某一个文化主题的圆周制教学得以循环进行，其内容、目的和方法均以文化为主。

在加强英语词汇教学之后，还要加强英语课文教学。在实际的英语课文教学过程中，要首先加强语言教学，这里特指的是语句的教学。英语词汇教学为后期的英语语句学习奠定了坚实的基础，即所谓的词汇内涵以及外延，且词汇涉及的文化元素比较多，这些元素的存在为后期的语句教学提供了重要平台。在具体的教学过程中，教师对于相关语句的解释应当以词汇的学习为基础，让学生分组进行讨论。在这种讨论学习过程中，学生构建协作社群，成为一个学习的"社会群体"，这种社会群体创造了语言的意义"赖以生存"的语境，同时语言的意义又通过这种社会群体的相互依赖获得，这样不仅可以拓展学生的个体知识面，而且还可以最终实现知识建构及发展目标。同时，这种讨论提供了一种环境使体验得以顺畅进行，在"对话"与"协商"中，学生调动自己相关词汇的学习积累以及已有的个体知识背景，学生的主体地位通过积极参与活动表现出来，他们通过心灵进行感受，在亲身经历和体验中理解知识，提高和发展自己的语言能力。

在词汇和语句的学习基础上，要学习整篇课文，在该过程中，教材的"二次开发"成为关键。首先是教师的脚手架作用，教师要围绕课文相关主题进行改编和开发，以便适合学生进行角色扮演之用。在扮演过程中，学生置词汇和语句于相关的语境中，感受体验其潜在的社会含义。知识的意义和个体的身份是在互动中建构的，而且这种建构具有情境性。情境认知理论认为，知识的意义具有情境性，只有通过运用才能够被理解。它取决于具体的使用场合和社会文化等因素的影响，个体在与周围环境和其他社会个体相互协调和相互活动的过程中逐渐建构和发展起来，体验贯穿在其情景性和互动性中，缄默知识通过实践获得，即使有一些知识学生在当时并不能意识得到。

在大学英语教学中推行文化教学是十分必要的，其最终目的是培养一大批跨文化交际能力足够强的人才。对于跨文化交际来说，其会涉及人和人之间的具体化接触，所以，英语中诸如问候、告别、称赞、批评、感谢、道歉、祝贺及其应答、邀请、请求、同意、劝说、建议、介绍、参观、约会、宴请、饮食、服饰、电话、交谈、社交书信等社交规约也是社交文化中不可缺少的一部分。针对非语言文化来说，它属于言语范畴之外的一切表现形式，不仅包括手势、触摸，还包括面部表情、身体距离、音量等。要想提高学生的跨文化交际能力，在大学英语的文化教学中传授此类非语言形式的文化背景知识也是必不可少的。

从文化分类方面来看，不同的文化分类往往意味着不同的文化内容。根据文化的国度和民族性，可分为目的语文化、母语文化和世界其他民族文化。根据文化在跨文化交际中的影响（功能），可分为知识文化和交际文化。

①目的语文化。就外语教学而言，无论是实现它的工具性还是人文性，都需要学习目的语文化。目的语文化的学习，对提高学生的综合文化素养和语言教学效果以及实现提高跨文化交际能力的教学目标都具有十分重要的意义。目的语文化是外语教学的内容之一，外语学习的过程使人们能够直接体味外语所承载文化的思想观念、价值体系和精神蕴含。它是目的语文化输入过程，同时也是民族价值观念重塑过程中的一个重要环节。根据文化教学的有效性原则，

目的语文化教学只能选择那些与教材和日常交际密切相关的内容。杜学增也说过："一个国家或社会的文化是博大精深的。在我们的外语教育中，我们不能要求我们的学生习得外语文化中所有的东西，而只能根据教学的需要，将那些最基本内容传授给他们。"

②母语文化。外语教学是内含母语及其文化的互动过程。融入母语文化，一方面可以加强母语文化修养和认知；另一方面，两种文化对比学习有利于增强文化差异意识和文化差异理解力，提高跨文化交际能力。国际视域下推介和传播中国文化精华是外语教学的内在使命，也是广大外语学习者的义不容辞的历史责任。在外语教学中融入中国文化因素，有助于培养学生的中国文化意识和用外语表述母语文化的能力。当前，学生用外语表达中国文化的能力普遍较弱，在跨文化交际中时常出现"中国文化失语症"，主要原因是母语文化教学严重缺失。要走出这一困境，只能从外语教学入手，在实践中探索用外语表达中国文化的方式；借助西方的文化框架来揭示中国文化精神，理解和重新构建自己的母语文化，实现母语文化的输出。如在教学中让学生用英语表述各自地方的待客方式就是很好的尝试。所以，外语教学在实现了文化输入的同时，还有一个很重要的目的是使外语学习者能够有能力将我们的传统文化精髓展示给世界各民族，为我们的文化输出起到现实的作用。这样才能真正实现跨文化交流的双向互动，对扩大中国文化的国际影响具有十分重要的意义。

③世界其他民族文化。在外语教学过程中，及时融入涉及除母语和目的语之外的世界其他民族文化，也是文化教学的应有内容之一。这也是当下我国外语教学中较为薄弱的环节。外语教学"培养的应是'多文化人'，对自身文化的体认将赋予他们民族国家使命感，利于增加我们文化的影响力，对多元异文化的了解可使他们心胸开阔，善于汲取先进文明成果"。这样，外语教学的社会价值也才能得以实现。

④知识文化和交际文化。根据文化因素在交际过程中实际产生的影响不同，文化可分为知识文化和交际文化。这一文化分类，与外语教学目标密切相关，比较适合文化教学内容的需要。知识文化是指不同文化背景的人在进行交际时不直接影响准确传递信息的语言和非语言的文化因素。所谓交际文化，指的是不同文化背景的人在进行交际时，直接影响准确传递信息的语言和非语言的文化因素。二者具有交叉性和对比性。在外语教学的不同阶段以及针对不同的外语学习者，二者又具有可变性。这需要外语教师因地制宜，有针对性地开展文化教学。对于异域文化知识比较丰富的学生，影响交际的文化因素相对会少一些，这时知识文化教学就可以多一些。教学基础阶段交际文化可以多一些，随

着学生语言能力的逐步增强，知识文化就可以多一些，"因为交际文化扎根于知识文化，高年级阶段导入的知识文化可以为基础阶段的交际文化提供理论解释，让学习者知其然又知其所以然，这样才有助于培养学生的文化理解力。"

从文化定义和要素方面来看，美国的莫兰在《文化教学：实践的观念》一书中，谈到文化教学的内容时指出，文化教学不能只教授文化的某一部分，因为文化的任何一部分都是与其他部分密切关联的。他认为文化的定义包括如下五个要素：文化产品、文化实践、文化观念、文化社群和文化个体。在这五个要素中，文化观念大部分是隐性的，少部分是显性的，而文化产品、文化实践、文化社群、文化个体都是显性的。我们在文化教学中要注意到显性的部分，但更要注意到隐性的部分。

针对文化产品来说，主要包括四大要素：第一大要素是物质产品；第二大要素是居所；第三大要素是机制；第四大要素是艺术形态。物质产品主要指人类不同文化群体所共有的物品，如货币。但也存在一部分物质产品是特定文化群体拥有的，如日本和服等，以及房屋、村落、城市、政治、法律、经济、教育、宗教、家庭等不同的体制，另外还有音乐、舞蹈、绘画、雕塑、戏剧、电影、建筑、设计、装饰、服装等专门艺术形态与生活艺术形态。

针对文化实践来说，也具备四大要素：第一大要素是运作；第二大要素是行为；第三大要素是场景化活动；第四大要素是生平经历。具体来说，主要是指文化产品的运作方式，比如具体用餐的方式和具体购物的方式等；仪式化的交际实践，如问候、告别等；一些扩展性的交际实践，在一定的场景下行动的方法；文化成员的生平经历，主要有真实的人物传记、文学作品中虚构人物的生活经历等。

文化观念也包括四大内容：第一大内容是感知；第二大内容是信仰；第三大内容是价值观；第四大内容是态度。具体来说，包括我们感知的内容、忽略的内容、注意到或未注意到的内容；我们相信是真实的或不相信是真实的内容；我们坚信是正确或错误、善或恶、期望与不期望、合宜与不合宜、正常与异常、恰当与不恰当的内容；我们的精神和情感秉性等。

不同国家的人属于不同的社会群体，所以，我们在国家以及民族层面上存在着差异。就算是本地人，也会在年龄、性别、性格等很多方面有所不同，即便是师生之间也存在着巨大的群体文化差异，这对我们的文化教学常常形成障碍。文化个体主要指身份归属层面上的文化要素，具体包括国家、教育、性别、宗教、职业、地区、社会阶层、种族、代别等。文化是人的生活的文化，它不仅是民族的、国家的、群体的文化，更是个人的文化。所以，我们在学习时，不要把一个群体的文化当作整个社会的文化，要充分把握外国文化中的个人差异。

从第二文化教学方面来看，在第二文化教学的入门阶段，教师应多讲述与表层文化有关的词语的文化背景及语义；在基础阶段的语言教学中，教师应把重点放在与中层文化密切相关的语言现象与文化习俗方面；而在语言教学的提高阶段，除继续进行与中层文化相关的语言文化对比之外，还应加强与深层文化有关的语言现象的理解、分析、对比。

上述各种分法应该说都有其可取之处，对教学有一定的指导意义。但是，它们都有各自的不足之处，因为文化是一种极其复杂的社会现象，分类之间总是不可避免地存在着交叉、重叠或有少许遗漏。但从外语教学的角度看，从文化知识功能的角度来对外语学习中所涉及的文化背景知识做出划分，即分为知识文化和交际文化两种。所谓知识文化，指的是"那种两个不同文化背景培养出来的人进行交际时，对某词、某句的理解和使用不产生直接影响的文化背景知识"。

无论对于什么词来说，都包含知识文化成分，但对于交际双方来说，是不会因为没有这些知识而产生纠纷的，就算没有相关知识文化，只要采取有效的交际策略，也能维持交际的长期进行。针对交际文化来说，主要指的是直接影响交际的背景知识和普通的文化模式。针对文化背景不同的两个人来说，如果在交际过程中缺乏该文化知识，会从根本上阻碍交际的正常进行，甚至造成交际失败。导致交际不成功的原因比较多，影响因素也比较多，但交际文化知识缺乏是其中的主要原因和主要因素。

从语言教学的角度看，给学生传授交际文化往往比传授知识文化重要。有些学生某些知识文化固然不好，却不会在交际中造成误解，但学生如不懂交际文化就会出问题。因此，在语言教学中，我们应着重向学生介绍交际文化。知识文化是基础，但交际文化是重点。相比较而言，学生较易获得知识文化（如通过听概况课、阅读文学作品、查字典等），而交际文化却往往需要教师的传授才能明白。在上语言实践课时，教师对知识文化的介绍要有节制，应重点传授交际文化。但这并不是说，在语言教学中要侧重或突出交际文化就可以忽略知识文化。其实，从长远的观点来看，这两种文化对学生语言能力的培养都是非常重要的。丰富学生的知识文化不仅有利于提高学生的阅读、写作能力，且最终还利于提高学生的听说能力。越是到了语言学习的高级阶段，知识文化因素的影响力就越大。因为到了中高级学习阶段，交际文化因素就具体地更多反映在成语典故、惯用语、缩略语等方面。

综上可知，语言教学应自始至终把知识文化和交际文化的教授贯穿其中，在语言学习的初级阶段，应该把交际文化作为侧重点，随着语言学习的不断深入，知识文化的比重也应不断加大。另外，从时间上来看，我们还要注意区分现代的文化现象和旧时的文化现象，即要注意文化的时效性。作为语言研究，无论是流行于任何时代的文化现象都要去研究，但作为语言教学，就首先要给学生讲那些与现时生活关系最密切的东西，即不讲就容易产生交际障碍的交际文化。只有这样，才能真正达到培养学生跨文化交际能力的目的。我们不能把文化研究与文化教学混淆起来。作为教师，在讲授文化时要始终明确文化教学的范畴和目的，要在有限的课堂语言教学时间内，把重点放在现代的交际文化教学上。

从教材方面来看，根据教材可知，在实际的大学外语教学过程中，具体有词汇教学、口语教学、阅读教学、非语言交际教学。

①词汇教学。英语与汉语中的有些词汇看起来和概念意义相对应，但它们在指称的范围、表达的程度和隐含的褒贬等方面有着这样或那样的差异。大学英语教师在进行词汇教学时，应注意解释词汇的文化背景意义，并将其与相应的汉语词汇进行对比，有时还可深入补充一些相关的异国风土人情等。词义的文化因素挖掘可视具体情况采取语境法、词源法、搭配法、比较法等。这种见缝插针的渗透方式，对学生在潜移默化中深入了解西方文化有很大帮助。

②口语教学。一口地道的英语口语集中体现了对西方文化的深刻认识。适当的英语口语环境也能够让学生在不知不觉中接受西方文化的熏陶，增强其对西方文化的感知和接受能力。英语教师在日常教学中应尽可能地使用地道的英语与学生进行交流，设置专门练习地道口语的环节，一般可与听力训练相结合，让学生在听力训练当中掌握出现的地道英语口语。教师还可充分挖掘，提供相应的语境，让学生进行模仿练习，使其达到能熟练应用的程度。

③阅读教学。对于文化教学来说，必须加强对英语文化的渗透。所以对于大学英语教师来说，必须加大对语言文化背景知识的讲解和介绍，在具体化的课文阅读过程中，也要考虑到英语文化背景知识以及相应的文化习俗。对于外语教师来说，可以采取播放相关影片等方式进行语言文化研究，让学生全面了解英语国家的宗族制度、风俗习惯和生活方式等。

④非语言交际教学。非语言交际属于一种非常重要的交际方法，具体指的是在特定的情景或语境中使用非语言行为进行交流和理解信息的过程。针对不同文化背景下的非语言文化来说，其实质内涵差异很大，一些特定的非语言行为往往代表着特殊的含义。所以，在日常的英语教学过程中，必须明确非语言

交际的作用和重要价值。

事实上,大学英语的教学内容总是体现一定社会或群体的主流文化,是以社会主流文化的代言人的形象出现的。它将社会主流文化转化为适合学生接受的内容方式,使学生在课堂的学习以及与教师的日常交往中,就有意无意地、或多或少地习得了这些文化内容。当然,大学英语中的文化教学一直是外语教学领域的难点问题,需要在教学过程认真探索和总结。我国学者束定芳、庄智象在《现代外语教学:理论、实践与方法》一书中将外语教学的文化内容划分为词语和话语两大类,认为这样易于教师操作和准备材料,也易于学生理解和接受。这个划分与跨文化交际学的创始人霍尔曾经在《无声的语言》阐释的定义有相契合之处。霍尔指出:"文化学存在于两个层次中:公开的文化和隐蔽的文化。前者可见并能描述,后者不可见甚至连受过专门训练的观察者都难以察知。"从语义学来说,词语的所指是现实生活中可以看得见的物质和事实,而它的能指则需要他人进一步的理解体验;看得见的是公开的文化,而需要体验的则是隐蔽的文化。

同理,话语的文化特性也分为公开的层面和隐蔽的层面,如在语篇分析研究领域,话语的隐蔽层面是其研究的侧重点。近年来,在大学英语教材的设计上,词汇表中的单词解释就是每个单词的所指,即公开文化的层面;而词汇在课文中的使用则是词汇的能指,即隐蔽文化的层面。关于话语,我国学者王虹在《戏剧文体分析——话语分析的方法》一书中提出:"对于'舌语'这个术语没有统一的理解,有的学者用其特指口语,有别于书面语,也有的学者将其看作语言运用的统称,既包括口语,也包括书面语。"此处,为了便于教师的准备和学生的理解,可以理解为口语和书面语的统称,指一切教材内容,包括教材文本和任何语言材料,比词语层面更高一级的语言层面。词语文化与民族文化息息相关,民族文化中特有的事物与概念在词汇及语义上会有呈现,同样一个指称在不同文化中可能有不同的内涵,即词语在文化含义上的不等值性等。

话语亦受文化的影响和制约,话题的选择就会体现文化的不同,如谈论天气或者薪水、年龄等在不同文化中的社会意义,甚至用什么样的语言风格来谈论该话题也受到文化因素的影响,各种不同的文化有各自不同的规范和模式。每一篇英语课文是词汇的逻辑组合,必然体现一定的文化含义,虽然其体裁可能是故事、戏剧、科普知识等各不相同,但这些只是语言的公开文化层面,文章作者自己的价值观、思维方式等却蕴含其中,因为个体的文化孕育于共性的文化之中,当学生接触到或者感受到其间的文化信息,就会感受到其语言文化所涉及的方方面面,包括其思维方式,从而进一步理解和感受其与汉语语言文化的区别。很多文学作品描述的是特定的人物形象，表达的是作者本人的观点，但是文学作品能在很大程度上帮助学习者理解某一群体的价值观和信仰。大学英语文化体验教学是一种结合了词汇和语言的文化语境的教学活动，通过凸显文化特征而提高教学效果，文化既是教学的内容，又是手段，亦是目的。

## 第三节 英语文化教学的策略分析

### 一、英语文化教学的现状

随着我国不断加深与世界其他各国和地区的交流，人们越来越离不开跨文化交际，英语教师在大学英语教学过程中也越来越关注文化教学。目前，我国大学的文化教学存在的主要问题如下。

#### （一）受到教材内容的限制

目前，英语教学中的教材几乎都是科技性的、说明性的，所讲述的都是骨架式的知识，并不包含国家伦理、民族心理等与语言形式相关的文化角度的内容。这势必导致出现以下现象：在教学过程中，在有限的教材中，学生对非语言形式的因素了解不足，忽视了文化因素的作用，过分追求提高英语知识量和书面语言能力。

#### （二）学生的学习积极性不高

学生在传统教学过程中始终处于从属地位，主导地位始终被英语教师牢牢占据着。习惯了灌输式的课堂教学方式后，学生几乎不会积极翻阅文化书籍，扩充文化知识。影响我国英语文化教学的重要因素就是学生不积极、不主动地学习，以及学生不善于获取与英语相关的文化知识。由此可见，改善课堂气氛、调动学习积极性，是有效开展文化教学的关键。

#### （三）文化教学内容的片面性较强

如今，在一些大学中，的确有英语教师在教学过程中引入了文化教学，但是很多时候，他们的教学内容具有较强的片面性。他们错误地认为文化教学的全部内容就是文化背景知识，但是其实文化教学往往涉及相当广泛的内容。同时，他们教学时通常采用灌输的方法，几乎从来不使用启发的方法，这样教学的效果可想而知。虽然在正常的教学过程中，英语教师不可能详细讲解英语文化的所有内容，但是教师最起码要教会学生得体地在特定的文化情境中使用英语。

### （四）英语教师欠缺一定的文化教学意识

作为文化教学的关键因素，教师应该学贯中西，具备丰厚的语言功底。虽然大多数英语教师都毕业于英语专业院校，但是他们的文化教学意识仍旧比较薄弱，功底也不强。这其中主要包括以下两方面的原因：我国目前大多数英语教学接受的都是传统的、单纯的英语教育，因此教师的教学观念也是存在明显的偏差。在实际的英语教学中，教师始终坚持培养学生纠正语言形式、运用语言形式，但是这种运用并没有强调其得体性，因为他们对英语文化知识的介绍较少；我国的绝大多数英语教师并不是母语学习者，缺少实际英语学习的大环境，自身对跨文化知识掌握得就零零散散。再加上他们忙于沉重的教学任务，也没有过多空闲的时间进行文化教学研究，这导致教师本身缺乏文化知识，只能选择放弃文化知识教学。

### （五）文化教学的发展受到应试教育的阻碍

文化教学的发展受到应试教育的阻碍，主要原因：大学阶段的四、六级考试和其他考试是将英语文化知识的考核抛之于外的。一般来说，这些考试忽视考核学生的文化知识，仅仅注重考核学生的语言知识。

## 二、英语文化教学的原则

### （一）多元互动原则

为了适应时代的发展，与多元的社会和跨文化交际的语境相配合，语言文化教学应采取多元互动的原则。我国学者苏向丽在其文章《跨文化交际中多元互动的语言文化教学》中，根据其多年来文化教学的经验对世界形势和趋势进行了分析，并在此基础上提出："为了适应时代的发展，与多元的社会和跨文化交际的语境相配合，语言文化教学应采取多元互动的原则。"

### （二）层进性原则

英语文化教学具有阶段性、层次性，在教学中应该遵循层进性的原则。这就意味着，教师在英语文化教学中应根据学生的语言水平、接受能力、领悟能力等确定文化教学的内容，由浅入深、由简单到复杂、由具体到抽象、由现象到本质地进行文化教学。

林汝昌提出，"外语教学应考虑以下三个层次：语言的结构层次，语言结构的文化层次，语言的语用文化层次"，并指出文化导入的这三个层次是不可分割的有机体，只是在实践中各有所侧重，在不同阶段应该导入不同层次的文化教学，循序渐进地进行。

曹文指出，"文化教学存在两个层次，即文化知识层和文化理解层，以及连接这两个层次的文化意识教育"。他又进一步解释"文化知识层培养的是具有观光客型生存技能的语言学习者，而文化理解层培养的是具有参与者型跨文化交际能力的语言学习者"，最后还强调"文化教学的定位应是以文化知识为起点，文化意识为桥梁，文化理解为最终目的"。可见，曹文也认为文化教学应该是有层次地进行的。

王开玉认为，文化教育具有"阶段性"，因而把文化教育划分为"文化知识层次的教学与文化理解层次的教学"，并认为"文化知识层的教学主要传授的是知识文化，即不直接影响交际的背景知识。文化理解层次的教学主要传授的是交际文化，即直接影响交际的背景知识和文化模式"。

### （三）以理解为目标原则

所谓以理解为目标原则是指英语文化教学应以文化知识为起点，文化意识为桥梁，文化理解为最终目标。文化知识导入的目的是培养学习者的文化意识，它是文化教学的第一步。文化意识是文化理解的基础，它是指学习者对文化间差异的敏感性。而文化理解则是学习者以客观、正确的态度看待、理解母语文化和目的语文化，并能以得体的行为方式与非本族语者进行跨文化交际。这一原则是由社会需要的规律所决定的。随着社会的发展，不同文化间的交往愈加频繁。文化理解是国际交往的重要桥梁，没有对自身及他国文化的正确理解，就很难实现跨文化交际。在英语教学中，要遵循以理解为目标原则应做到如下两点。

①在进行文化教学时，不要过于强调知识的灌输和行为的简单模仿，而要通过对目的语文化的分析和解释等手段使学生认识到目的语文化与本族文化的异同以及异同的渊源和生成原因。

②在对教学进行评价时，要注重学生对目的语文化的共情能力，而不应强调他们对非本族文化的排斥或接受情况。例如，在讲授美国人对老年人的态度时，不要以中国人的标准去衡量美国人的行为。中国人主张尊老、敬老，并认为老年人有着丰富的人生阅历，如俗语"姜还是老的辣"和"老将出马，一个顶俩"等。而在美国，"老"意味着精力衰退，生存能力降低，是非常可

怕的一个词。因而，美国人都害怕说老，避免说老，而是将老年人称作 senior citizens。

中美两国对待老年人的不同态度源自两国各自的价值观、世界观以及不同的社会现实等。因而，在涉及这一文化现象时，教师不应简单地判定哪一种方式是正确的，哪一种方式是错误的，而应从这一文化现象的渊源上了解其生成的原因，从而理解其存在的现实。

### （四）有序性原则

有序性原则具有两层含义：一是指文化教学内容的编排要体现文化知识本身的逻辑结构及其系统性；二是指文化教学的活动要结合文化知识本身的逻辑结构和学生的身心发展情况有次序、有步骤地展开，以确保学习者能够有效地掌握系统的文化知识，全面理解目的语文化。有序性原则既是文化知识本身系统性的要求，又是教学制约学生身心发展规律的反映。总之，要遵循有序性原则应做到下面两点。

①在选择文化内容时，既要注意各个层次文化知识内部的系统性和序列性，又要注意各个层次文化内容之间的相关性。

②在编排文化导入的内容时，要根据学生的认知特点和思维发展规律科学地、合理地安排不同学习阶段文化导入的内容。英语文化教学的内容安排要从简单、具体的文化事件到概括性的文化主题，最后才应是对目的语社会的全面理解。相应地，英语文化教学目标的要求也应根据不同学习阶段学生的学习特点制定。换句话说，要从以感性体验、感性认识为主逐步向以理性认识和理解为主过渡。

### （五）对比性原则

对比性原则是指在英语文化教学中，教师引导学生将英语国家的文化和本土文化进行对比，从而使学生意识到中西方文化的差异。

通过对比，学生既可以加深对英语国家文化的认识，又能了解不同国家在价值观、思维模式、审美情趣等方面的巨大差异。这一方面可以避免学生形成种族中心主义，另一方面有助于提高学生的文化理解能力。

对比除了可以让我们更加深入地理解不同的文化概念，还能帮助我们避免不同的文化行为，从而避免根据自己的标准来理解他国的文化行为，也可以避免把我们自己的文化带入其他文化情境中去。实际上，学生经常犯文化类知识的错误，就是因为缺乏对文化差异的了解，只关注文化的相似性，却忽略了文化的差异性。

在英语文化教学中，教师可以引导学生进行以下方面的对比。

①词汇方面的文化内涵。

②习惯用语方面的文化背景。

③句法方面的语法运用。

④演讲方面的语言风格。

需要指出的是，教师和学生应特别重视英语教学中词汇和短语的文化内涵，因为它们反映了文化，它们也是构成语言的基本材料。例如：Live with your head in the lion's mouth.

在中国，老虎是勇猛的动物，被称为百兽之王；而在英语国家中，狮子被称作百兽之王。如果教师此时能够将这一文化进行对比，那么学生就很容易理解此句意思了，即你要虎口求生。

在文化教学中，教师要抛砖引玉，组织、引导学生在课后搜集资料，了解中西方文化的差异，不断积累文化知识，提高学生的跨文化交际能力。

由于不同的文化产生不同的看法，不同文化背景下的生活方式、价值观念、思考方式、社会规范、文化冲击和文化冲突难以避免。但是，如果我们密切注意不同文化的差异，并时刻注意将它们进行对比，就可以加深对其他文化的了解，消除彼此间的误会，从而减少甚至避免由于文化的冲突而引起的暴力行为、武装冲突等。

## （六）相关性和实用性原则

语言学界普遍认为，文化内容涉及社会生活的各个层面，但是在实际的英语教学中受各种客观教学条件的限制而不能面面俱到，因此，在实际的英语教学中应遵循相关性和实用性的原则，重点传授与学生所学内容相关、与日常交际涉及的主要方面相关，以及与跨文化交际相关的文化内容。此外，相关的教学内容要具有代表性，应能体现目的语国家中具有代表意义的主流文化。

中国著名学者鲍志坤在《也论外语教学中的文化导入》中指出文化内容是纷繁复杂的，并提出在英语教学中应该遵循适度原则和主流原则。尽管这种提法与大家的说法不一致，但从本质上讲，相关性原则和适度原则是相通的，实用性原则和主流原则是相通的。为了达到一致，我们将其统一成相关性和实用性的原则。学者顾弘和张燕在《论外语教学中的"文化导入"》中对相关性原则和实用性原则做了进一步解释，并提出文化教学应做到"既要从文化的角度学习语言，又要从语言的角度学习文化"。

## 三、英语文化教学的方法

### （一）文化旁白教学法

文化旁白是教师在课堂上最常用的方法，也是将语言教学和文化教学融为一体的方法。一般来说，教材所选的课文都有特定的文化背景，可以是作者背景，也可以是内容背景或者时代背景。如果学生不了解或缺乏相关的背景知识，就会影响他们对文章的正确理解，自然也就不能对阅读理解的问题做出准确的推理和判断。

例如，在《21世纪大学英语》第一册第十单元的 Cloning：Good Science or Bad Idea 中有一句话："Faster than you can say "Frankenstein", these accomplishments triggered a worldwide debate."（不等你说出"弗兰克斯坦"，这些成果就已经引发了世界范围的大辩论）。初读这样的句子，如果没有相关的文化背景，学生将很难理解它的内涵和社会意义。因此，教师在讲授时，要以文化旁白的形式进行文化背景介绍。这里需要进行介绍的主要包括以下三点。

①"Faster than you can say 'Frankenstein'"源于英语成语 before you can say "Jack Robinson"，意为"开口讲话之前"。

② Frankenstein 是英国女作家玛丽·雪莱同名科幻小说中的主人公，是一个创造怪物而最终也被它毁灭的年轻医学研究者。

③提及此人物有其社会意义，它能使读者将克隆技术与小说情节产生联想，表达出作者担心克隆技术会使人类作茧自缚、玩火自焚的心情，这种担心又与世界上已经掀起的大辩论不谋而合。了解这些文化背景后，学生就能轻松地理解文章了。

文化旁白除了教师的解说以外，还可以借助图片或实物等实现。例如，对于具有特定文化蕴含的词汇，用语言讲解有时候未必能让学生明白。利用图片，加上旁白，或放映一段影片，既能吸引学生的注意力，又有助于丰富学生的感性认识，促进理解。例如，当涉及美国历史上的"西进运动"时，会有很多描写西部边疆恶劣自然环境的词汇，如 frontier（边境，尚待开发的领域）、Death Valley（死谷），canyon（峡谷），grizzly bear（灰熊）等，这些词汇的文化蕴含是中国学生比较陌生的。这时教师就可以借助相关图片，辅以简单的文字介绍，学生很快就会明白这些词汇的含义，同时也有助于理解拓荒精神的含义。

在听力教学中也可随时引入文化旁白。因为在听力理解的过程中，听者的社会文化背景知识与语用学知识和语言方面的知识同样重要。如果缺乏对中西文化差异的了解，就会影响对话语深层次的理解。请看《新英语交谈》第四课的一段对话。

John：OK，Beth，what's the problem? Do you want to talk about it?

Beth：No…Yes…I don't know.

John：Come on，Beth，I'm your brother. What's the matter?

Beth：It's Ken. He's really fun to be with，but he's the cheapest guy I've ever gone out with.

John：Why? What did he do?

Beth：Last night we went to a movie. I bought the tickets while he parked the car.

John：So?

Beth：Well，he never gave me any money for his ticket. And you won't believe what happened next！

John：Yeah?

Beth：He went to the snack bar and came back with popcorn and a soda... for himself! He never even asked me if I wanted anything!

John：Wow! That sounds pretty bad.

Beth：I know. I really like him，but he makes me mad，too. What should I do?

John：You should start looking for a new boyfriend!

要理解为什么 Beth 认为她的男朋友 Ken 是最小气的人，就首先要了解欧美人的交往习俗。一般来说，英美人在很多场合讲究分摊费用，除非对方讲好是 a treat（一次款待），否则费用应该大家分摊。搭乘朋友的汽车到较远的地方去旅游，应该付汽油钱；男女朋友约会也不例外。知道了这个习俗，就很好理解 Beth 为什么认为她的男朋友 Ken 是最小气的人了。因为按照 go Dutch（各付各的账，平摊费用）的交往原则，她的男朋友应该还给她电影票钱。

## （二）外国文学作品的鉴赏法

这种方式是指在教师的指导下，对文学作品进行多角度的剖析，了解人物的情感和不同文化背景人物间的交流和文化冲突。

《大学英语》（外语教学与研究出版社）第四册第三课 Solve that problem with humor 第 10 段中的一句话："Suddenly， the graying pencil line mustache on Michener's face stretched a little in Cheshire an complicity. How very nice of you all to turn out to see me!... Shall we go in?"

这里的 Cheshire an complicity（柴郡猫式的共谋）虽是作者杜撰出来的一个短语，但 Cheshire an 一词是有它的产生背景的。柴郡猫（Cheshire cat）是著名英国儿童文学作家卡罗尔的作品《爱丽丝漫游奇境记》中的一个形象。总督（Michener）酷似柴郡猫样地咧嘴一笑，把纠察人员及旁观的工人当作来欢迎他的人，机智地使自己摆脱了困境。学生不能很快理解深层意思时，教师要及时地为学生讲清出处，这样学生也能更好地记忆。

### （三）显性文化教学法

1. 显性文化教学法的特征

第二次世界大战之后，外语教学受到了人类学和社会学的影响，文化教学也不例外。人类学视角的文化是"特定群体整个的生活方式"。这种观点对外语界产生了深远的影响。这样，文化从"心智的完善"和"人类文明成就"转向了"某个社会的生活方式"，也就是说，外语教学中的文化从"大文化"转向了"小文化"。随着文化概念的扩大，如何在有限的课堂时间里有效地实施文化教学成了一个难题。很多外语界人士指出，必须区别"大文化"和"小文化"，并且在语言教育中应将重点从"大文化"转向"小文化"，在语言学习的初期更是如此。在这个转变过程中，文学并没有被遗忘，因为人类学的观点也认为文学作品是异文化生活方式的镜子，而对异文化生活方式的了解也有助于更深入地理解外国文学作品。

这种相对独立于语言教学的、较为直接系统的、以知识为重心的文化教学法，我们称之为显性文化教学法。归纳起来，显性文化教学有三个主要特征。

①基于对语言与文化的密切关系的认识，在外语教学中有意识、有目的地补充了外国文化的教学。

②对"文化"概念的认识吸收了人类学和社会学的观点。文化教学的内容从"大文化"转向了"小文化"。

③不论文化教学的重心放在"大文化"还是"小文化"上，文化均被认为是一种知识，传授的方式是直接、明确且较系统的，并相对独立于语言教学之外。

2. 显性文化教学法的优势

显性文化教学法直接明确地介绍外国文化，这有助于减轻人们由于对异文化不熟悉而产生的困惑感，而且这种知识是培养跨文化交际能力的基础。我们是在全汉语的环境下学习外语的，因此，显性文化教学法省时、高效的优点是显而易见的。而且，这些相对独立于语言教学的自成体系的文化知识材料可以很方便地供学生随时自学。

3. 显性文化教学法的缺陷

尽管显性文化教学法追求直接和明确，但是，还有很多东西是无法利用这种方法教授的，如文化的内涵。一个已被普遍接受的比喻是，文化就像一座冰山，我们能够看到的只是它的一小部分，我们无法看到的却是大部分。因此，显性文化教学法很容易使学生对异文化形成简单的、粗线条的理解，形成的定型观念往往会阻碍跨文化交际的有效进行。

虽然显性文化教学的理论基础是"语言与文化是不可分割的整体"，而实际的操作却把外国文化的教学与外国语言的教学脱离开来，这样不利于文化教学的整体实施。

学习者始终扮演着被动的、接受的角色，与目的语文化之间构成一种静态的关系，这忽略了学习者实际面临异文化时的主观认识、思维过程和行为能力，忽略了学习者自己进行文化探究的能力和学习策略。

4. 显性文化教学法的运用

中国对显性文化教学法的运用大致可分为两种模式。一种是在语言课程之外开设专门的文化课程，如英美概况、英美文化、跨文化交际等。这类课程直接系统地传授英语国家的历史、地理、制度、教育、生活方式、交际习俗与礼仪等有形的文化知识。另一种是在语言课程中导入与"语言点"相对的"文化点"。

这种文化导入虽然是有目的、有意识的，所涉及的文化知识既有文化事实、与文化有关的语言现象，也有跨文化交际的规约，但往往是结合阅读课文或听力对话等语言知识的学习，因此这种文化教学是不够系统的。

（四）隐性文化教学法

1. 隐性文化教学法的理论基础

诞生于欧洲并迅速盛行全球的"交际教学法"给外语教育中的文化教学带来了新的思路。美国社会语言学家海姆斯的"交际能力"概念的提出进一步加强了外语教学必须教授外国文化的思想。

英国语言学家威尔金斯以语言学习者的交际需求作为出发点提出的意念大

纲，对交际教学法产生了深远的影响。意念大纲不只注重语言形式，还注重语言的交际功能，认为语言内容必须置于一定的社会文化背景下才有意义。这种从语言形式向语言内容的转变使语言教学的主要目标由用法转向了使用，也促进了文化教学与语言教学的自然结合。

专门用途英语也是基于语言学习者的交际需求而生的，它也是"交际教学法"的一个重要组成部分。专门用途英语考虑了学习者个人具体的学习需求，随之发展起来的是学习者需求分析、各种水平的个人学习材料、分级语言测试等，以适应各种情况的学习者。专门用途英语清晰明白的"实用目的"给文化教学开拓了一个重要的思路，使外国文化的学习从文化全貌缩小到科技、商务等某些领域。

交际教学法进一步加强了"外国文化教学是外国语言教学的一部分"的认识。当注重以交际为目的的语言在一定社会文化背景下使用时，外语教学与外国文化的教学自然地融合起来。文化教学不再是直接地传授文化知识，而是强调在课堂提供的真实的交际情景中以交际为目的而使用语言的过程中自然地习得异文化，是践行"通过实践来学习"的理念。隐性文化教学法就是融于语言学习之中的、较为间接的、相对分散的、以行为为重心的文化教学法。

2. 隐性文化教学法的优势

隐性文化教学法的优势主要体现在四个方面。

①注重语言的社会功能和交际功能的培养，使语言教学与文化教学真正有机地结合起来。

②提倡"通过实践来学习"似乎可以填补如何教授外国文化的隐性内涵这一空白，尤其是隐含在语言使用中的文化知识和话语规则。

③课堂的各种交际活动给学习者提供了一个认识和感知异文化的机会，并注重学习者自主探究异文化的主观能动性和思维的过程。

④关注学习者个体的交际需求能够更加有的放矢地定义课堂文化教学的内容，在有限的课堂时间内最大限度地提高文化教学的有效性。

3. 隐性文化教学法的缺陷

隐性文化教学法的弊端主要包括两个方面。

①因为隐性文化教学法强调语言在特定社会文化背景下的使用，文化的概念被狭窄地定义为"小文化"，专门用途英语的兴起更进一步缩小了外国文化的范围，所以无法满足语言学习者的交际需求的文学就变得不再像以前那么流行了。

②过分强调语言和文化的自然结合，让学习者在语言学习的过程中自然地习得异文化，这样做必定会导致文化教学缺乏系统性。因此，如何才能有目的、有意识地使外国语言的教学与外国文化的教学有机地结合起来依然是我们要解决的难题。

4.隐性文化教学法的实践

由于隐性文化教学法是与语言学习融合在一起的，因此其在英语课堂教学中的应用也比较普遍。教师通过间接的方式，将文化内容分散到课堂教堂中，让学生在不知不觉中习得异文化。

比如，在学习"Would you like something to eat/drink?"这一句型时，教师引导学生思考，在我们的日常生活中，被问到这个问题时，我们会推托或谦让一番，而在英语中，我们只需说"Yes, please."或"No, thanks."就可以了。这样的回答方式也反映了中西方不同的文化导致的说话、处事的不同风格。

## （五）角色扮演教学法

角色扮演教学法可以利用微型戏剧的表演模式。微型戏剧一般只包括3～5幕，每一幕都有1个或2个反映文化冲突的典型事例，让学生通过观察体验剧幕情景，亲历文化休克、困惑和尴尬的情景，寻找造成交际障碍和文化冲突的原因。在设计角色扮演的脚本时要注意，脚本应该清楚简洁，具有趣味性和戏剧的张力，而且结局最好是开放式的，语言尽量采用日常生活、工作或社交场景中使用的语言。

角色扮演活动中真正的表演时间一般只有5～7分钟，而准备的时间通常很长，有时可以达到一小时。角色扮演的主题可以是与来自其他文化的人第一次见面、进行国际谈判、在某一个不熟悉的文化场景中拒绝别人等。

角色扮演的实施过程如下。

①老师向学生说明角色扮演的目的是使他们练习使用某一策略，鼓励他们尝试新的活动；向学生介绍角色扮演发生的情景。

②确定参演的学生，给参与的学生提供背景知识，让他们有足够的时间做准备。参与的学生既可以是老师指定，也可以是学生自荐。老师最好还要指导参与表演的学生的准备工作。

③教师给观看角色扮演的学生们分配学习任务，让他们协助布置表演场地。

④表演过程中要做笔记，记录下表演者说的要点，以便之后开展讨论。

⑤表演结束后，请观看的学生们思考，在相似的情景中有没有其他的解决问题的方法。

⑥请学生们回答一系列的问题，目的在于使学生们能够描述角色扮演中出现的问题，给学生思考其他策略的机会。

例如，教师可以帮学生设置场景如下：两个美国人正在穿越一些虚构的地方 Fondi，Dandi 或 Crony。过了一段时间，他们想返回居住的旅馆，但他们走得太远了。糟糕的是，他们又把钱弄丢了。他们需要向当地人询问，借钱买票乘车返回他们的旅馆。扮演美国人的两位学生应该想出一种向当地人借钱的合适的办法。如果他们不知道这些当地人的生活习惯和行为方式，当地人就不会借钱给他们。

在活动之前，我们可以为这些虚构的地方设置一些独特的生活习惯和行为方式，例如，Fondi 当地人表示同意某件事时，就会皱眉，眼睛向下看；而当他们不同意某事时，就会微笑点头；Dandi 当地人和别人谈话时，只与别人保持一英尺（1 英尺 =30.48 厘米）之内的距离；Crony 地区的人在需要为别人提供帮助时，他们不会听从男人的建议，因为在他们的社会里，所有重要的事情都是由女性决定的。

活动开始后，教师可以要求扮演当地居民的学生按照当地居民的习俗去做。类似这种角色扮演的戏剧活动，能够使学生在演绎或观赏的过程中，体验到一种真实的使用英语的语言环境，形成一种互动的学习氛围。在这样的活动中，既培养了语言的流利感，同时这种双向的、即时的、应景的语言输入与输出又保证了语言习得过程的真实性与有效性，使得语言学习与文化活动相结合，体现了语言学习的实用性。

## （六）文化感受法

文化感受法是指在给学生补充外语文化内容的同时，对两种不同文化进行对比，从而培养学生对母语文化和外语文化差异性和相关性的认识。

下面举例说明。

《大学英语》（外语教学与研究出版社）第三册第四课开始的一段中主人公有这样一句自我介绍："I have a wife, three daughters, a mortgaged home and a 1972 'Beetles' for which I paid cash." 如果按照中国的国情，有车是一些生活较富裕的家庭才会购买的"奢侈品"，所以学生会很难理解主人公的境况。因此，教师有必要先向学生介绍一下西方的生活情况了。对于英美国家的人来说，汽车可以说是生活必需品，所以一个家庭有一部车是很平常的事情。主人公特意说了是 1972 年的 Beetles 汽车，但是，如果学生仅仅知道 Beetles 是德国大众产的"甲壳虫"恐怕是不够的。教师要介绍此款车的一些特点，能帮助学生理解：这款车虽小，但很结实，又节油，关键是它是深受中低收入家庭喜爱的一种车型。有了这些必要的文化背景知识，学生对文章中的主人公的生活状况就会有进一步的了解了：他人过中年，又拖家带口，生活比较拮据。在此基础上，教师还可以进行小范围的拓展，对比中国人和西方人的消费观念。比如，在购买大宗商品时，中国人喜欢一次付清货款，而英美人则会采取多种购买方式，如分期付款、抵押贷款等。这样，中层文化被引入深层文化，学生能够透过文化现象了解英语国家人的价值观念和思维方式，进而对英美文化有了全方位的认识。

## （七）同化法

### 1. 同化法概述

同化法包括三个方面。

①通过一篇短文指出在文化交往中出现的误解。

②对误解产生的原因给出几种不同的解释。

③要求学生做出判断，选择合理的答案。

文化教学应把"行为文化"的传授放在第一位，让学生逐渐意识到人们的行为都要受到文化的影响。只有进一步了解英美人士日常生活情景中的言语行为方式，熟悉英语词汇的内涵和外延（包括其文化含义），了解不同社会背景的人的语言特征，才能避免交际时的"文化错误"，最终提高跨文化交际的能力。

同化法可以广泛地运用到听力课与口语课。教师先让学生就一些交际中的错误进行讨论，引导学生发现造成误会的原因。这种方式有利于从敏感性、宽容性和灵活性方面逐步培养学生的跨文化能力。

### 2. 同化法教学实践

下面介绍一个同化法在课堂教学中应用的实例。

题目：社会行为

教学目标：帮助学生了解英美国家人们的日常行为；引导学生就这些行为进行文化对比，增强文化意识。

教学过程：

①把材料发给学生，让学生自己阅读。

②把全班分成若干小组。

③让学生在小组内就所读的内容进行讨论，并在四个选项中选出答案。

④请每组派代表总结发言。

⑤老师让学生发挥想象，如果这个情景发生在自己身上，自己会怎么办。

⑥围绕下面两个问题组织全班讨论。

What did you learn about behavior in English speaking countries from this activity?

What did you learn about behavior in your home country?

阅读材料：

Susan, an American college student, was walking on campus with a new exchange student Wang Bin from China. He had been staying with her family for a few weeks before school got started and he had gotten to know her family quite well. She was walking with him around the school to show him the classroom buildings. As they passed male and female students on campus, she would occasionally say hello to them as they passed. Wang Bin finally commented, "You know many people at this school". Susan said she didn't really know many people, which confused Wang Bin since she had greeted so many people. "I just like being friendly." she added.

Then Susan happened to run into a close girlfriend whom she hadn't seen in several months. They called excitedly to each other and then hugged. Susan duced her girlfriend Larraine to Wang Bin, and explained that Wang Bin is a new student in the US. Larraine extended her hand and said, "Nice to meet you."

After a brief conversation the three parted. A short time later, Susan and Wang Bin ran into Susan's brother Andy who was also on campus with a group of his guy friends. Wang Bin and Andy knew each other quite well by now and got along very well. As soon as Wang Bin saw Andy he also excitedly called hello and grabbed Andy to hug him. Andy, stunned, pulled away and laughed nervously. Andy's friends laughed and teased Andy about his new "friend". Embarrassed Andy quickly departed. Wang Bin obviously noticed Andy's embarrassment but also was deeply hurt by Andy's actions of rejection. He knew he had caused an embarrassment, but he didn't quite know why Andy treated him this way. He had just watched Susan and her girlfriend hug when they greeted and assumed the custom of hugging a friend to be acceptable here.

从以下四个选项中选择一个正确答案。

A. Andy doesn't really like Wang Bin but has just been polite these last few weeks since Wang Bin is new to the US.

B. Wang Bin doesn't know that it is not an American custom for male acquaintance to hug in public. It is the custom for men to shake hands. Since hugging is generally used only for some male relatives to greet, men might be thought to be odd or too friendly if they display such greetings in public. That is the reason Andy's friends teased him and why Andy acted embarrassed.

C.It is impolite in America to hug a male acquaintance when other male friends are present. This causes jealousy among the friends. The American male must instigate the hugging of any foreign male friend or guest.

D.It is an American custom for brothers and sisters to hug and greet each other before acknowledging other friends. Wang Bin should have waited for Andy and his sister to hug first and for Andy to introduce Susan to his friends.

答案解析

A.This is probably not true at all. If Andy has been polite to Wang Bin at home, he probably does like Wang Bin. There is no reason to believe this would be true.

B.It is true that most men in America do not hug when they meet each other in passing or in business meetings. It is acceptable and appropriate for two men in any circumstance and at any level of acquaintance, to shake hands instead. Even many male relatives do not hug in public (or in private). That is usually a sign of affection and not just of acquaintance. Some people might suspect that two men that showed such affection in public might be homosexuals, and this is probably why Andy's friends laughed and teased him. It is completely acceptable for women to hug as a greeting and it is not thought to have a sexual connotation. This is the correct answer.

C.Since it is not considered appropriate for male acquaintances or friends to hug, especially in public, this answer is not correct. American men usually don't hug a male friend, foreign or domestic!

D. American brothers and sisters often hug in public. But it is not required that they greet before others can greet either one of them. This is also the wrong answer.

## （八）文化讲座

文化讲座是指以班级为单位，以教师为中心，以演讲的方式直接向学生传授有关目的语和目的语使用社团的文化知识策略。文化讲座的适用情况包括以下几种。

①文化新领域的可叙述或描述的知识，教师可以通过文化讲座的方式介绍给学生，学生通过讲座掌握总体概况或基本概念的知识。

②可通过主题来分类归纳的相关文化事实，教师可以以系列文化讲座的形式来完成。

③学生需要掌握的基础知识，或教师即将给学生布置的有关文化学习的研究任务，或需要解决某个问题之前，教师可通过讲座来进行传授。

④某些学生自学和阅读十分困难的具体文化资料，教师可以通过文化讲座来解决学生因不理解造成的误解。

⑤教师自己搜集或掌握的特有教材，可以通过文化讲座的形式实现教学相长，学生也从中获益。

教师在文化讲座中可以充分控制课题顺序、时间安排，所以能预知教学完成时学生有可能获得的成果。文化讲座是以专题顺序组织的，充分利用教师资源，因此对班额的大小没有严格限制。文化讲座的内容都是汇集教师最新的研究成果和研究方法，以及教师本人的学习心得与体会，能给学生提供许多宝贵的信息资源，让学生在听文化讲座的过程中训练与提高听、写和观察能力。

随着英语教学的发展，还会有新的文化教学方法不断涌现。教师在课堂教学的过程中，要结合学生的实际情况和教学内容选择合适自己的教学方法，真正提高学生的跨文化交际水平。

# 第五章  英语教学中的跨文化交际能力

近年来，中西文化的交流达到了空前的水平。为此，端正教学思想，明确教学任务，界定教学目标，使英语教学适应时代的要求，成为历史赋予英语教学工作者的重要使命，而语言所传递的文化信息是英语教学内容中的重要组成部分。因此，在英语教学中，教师不但要训练和提高学生的语言水平，还应有意识地培养学生运用英语进行跨文化交流的能力。本章分为跨文化交际能力的内涵、跨文化交际能力的培养两部分。主要内容包括：交际与跨文化交际、跨文化交际能力的内容、跨文化交际能力构成要素的不同视角解读、大学生跨文化交际能力培养的重要性、跨文化交际能力培养的几种主要模式等方面。

## 第一节  跨文化交际能力的内涵

### 一、交际与跨文化交际

#### （一）交际

"交际"是一个特别古老的概念，它来源于拉丁语 communication 一词，意为"共享""共有"。因此，"共享"和"共有"是交际的前提，而且也是交际的目的。通过交际，人们可以共同拥有更多的"共享"和"共有"的东西，如知识、技能等。交际中，具有同一文化背景的人们可以进行有效的交流，而因为共享有限的文化背景，来自不同文化中的人们，在交流时常常会产生沟通的障碍。这就是我们所说的跨文化交际。

1. 交际的定义

《辞海》中"交际"词条下的释义是，《孟子·万章下》："敢问交际，何心也？"朱熹注："际，接也。"交际谓人以礼仪币帛相交接也。后泛指人与人的往来应酬。《现代汉语词典》将"交际"定义为"人与人之间往来接触"。以上都是传统意义对该词汇的解释。

同"文化"一样，作为学术上的专业术语，"交际"的定义也是多种多样的。关世杰将跨文化交际中的"交流"定义为"信息发送者与信息接收者共享信息的过程"。贾玉新把"交际"看成交际符号过程，一个动态多变的编译码过程。当交际者把意义赋予言语或非言语符号时，就产生了交际。在《跨文化交际学》一书中，他认为"交际"受制于文化、心理等多种因素，但它不一定以主观意识为转移，可能是无意识的和无意的活动，它是人们运用符号创造共享意义的过程。因此，我们说，"交际"是一种运用符号传送和解释信息，从而获取共享意义的过程。

随着交际学在美国的兴起、发展和逐渐成熟，"交际"的概念连同这门学科一起被迅速地传播到世界五大洲的各个国家。在此所提及的"交际"一词，主要是指英语中的"communication"，不同语言间不同文化层面的比较就是帮助在跨文化交际中不同文化背景下的人们相互了解，获得更多"共有"和"共享"的共同点，从而消除跨文化交际过程中所面临的重重障碍。

2. 交际的特征

基于交际的定义，交际通常是指人与人之间相互作用而产生的一个过程，这个过程由传递方、接收方、信息、传媒、噪声等因素构成。

（1）交际是一种运用符号的过程

特定符号能够表达一定的意义，这是因为一个群体的成员对于某一符号所代表的意义已经达成了相对一致的协议。在这里，符号可以是一个动作、一个眼神、一件物品或是一句话，它是表达意义的有效单位。来自同一个文化背景下的两个人比较容易进行交流来达到交际目的，因为他们对于同一符号的表述意义有着极为相近或相似的理解，但绝对不是一模一样的复制。但对于来自不同文化背景的人们来说，他们对于同一个符号可能会有大相径庭的会意，从而造成交流上的不顺畅。

（2）交际是一个传送和解释信息的过程

一个交际过程的组成因素包括传递方、接收方和信息等。由一系列特定符号组成且表达一定意义的符号群所传递的就是"信息"。信息传送是指将思想、情感或态度等转换成他人可以理解的一个形式过程。其中，传送信息的形式既可以是书面的，也可以是非言语的；解释信息是指根据一定的环境理解信息所承载的意义，其意义是信息接收者对信息的不同理解。因此，同一文化背景下的不同交流者对于同一信息有不同的理解，信息的传送者和接收者对信息就会有不同的会意。而对信息理解的不同就决定了交际是否成功，是否会出现较大障碍而导致交际无法继续进行。此外，在传递方和接收方进行的交际中，信息的传送和解释不是一个静态的过程，而是一种动态的、处于变化之中的过程。

同时，交际还是一个不可逆转的过程，也就是说，交际中一旦发出的信息被对方接收后，就不可能反悔重来，即便经过修正后重新发出，对接收者而言，那又是一个新信息。也就是说，交际的过程一旦完成，它就是一个不可撤销的完成时行为，在这个过程中不存在删除键。

（3）交际是一种共享意义的获取

交际中，传递方和接收方传送和接收的是一系列符号所表述的信息，也就是说，信息可以被传递，而信息的意义则取决于传递方和接收方的会意和理解，因为它的意义受到社会中存在的众多因素的影响和制约，如交际双方的文化取向、社会地位以及交际发生的场合等。成功的交际过程要求发送者在发送信息时，必须将他要表达的意义赋予特定的"符号串"，同时，还需要考虑到信息发送的环境、方式、渠道等因素，接收者通过接收"符号串"的过程来获取信息的意义。此时的信息虽然与发送者所要传递的意义有一定的误差，但是仍然可以看作发送者和接收者所共享的意义。因此，交际是信息接收者与发送者共享意义的一个过程。

（4）交际活动是一种有规律可循的行为

交际可以分为言语交际和非言语交际。言语交际需要遵循一定的语法、语用和语篇规则，非言语交际也必须遵循一定的社会文化规则，这就导致不同文化背景下的交流者进行交际时，往往因为上述规则的不同而使交际变得举步维艰。但是，只要双方掌握了这些不同文化背景下的不同社会文化规则，就一定能够实现有效的跨文化交际活动。

此外，根据交际活动的规律性，交际双方可以预测交际行为的结果，预测的准确程度取决于他们对交际因素的掌握程度。贾玉新认为，同一个文化背景下，人们的交际遵循同一套规则，因此更容易预测交际行为的结果，而不同文化间人们的交际遵循的可能是两套不同的规则，或者一方对另一方的规则不太熟悉，这都会导致交际者在交际时出现一定的障碍。但交际具有适应性的特点，处于交流中的人总是有意无意地尽力去适应对方、适应外界的各种社交环境。

3. 交际的模式

信息的交际大概可以分为四个层次：人际交流、组织交流、大众传播和群体交流。在此涉及的主要是交流的第一个层次，即人际交流。

1948年，美国的政治学家拉斯维尔最早提出信息交际的5W模式，这五个W分别是英语中五个疑问代词的第一个英文字母，即Who（谁）Says What（说了什么）In Which Channel（通过什么渠道）To Whom（向谁说）With What Effect（有什么效果）。时至今日，它仍是指导人们交际过程的一种极为便捷的综合性方法。这种模式在更多地关注效果的同时，却没有考虑到接收方的反应和反馈。1949年，美国数学家香农提出了传播的"数学模式"，但是该模式没有摆脱线性模式缺乏反馈的批评。1966年，美国华盛顿大学社会学博士、著名传播学者德·弗勒发展了香农的模式，显示出信源是如何获得反馈的，但他的模式更适合描述大众传播。1954年，美国传播学鼻祖施拉姆在美国心理学家奥斯古德的基础上进一步提出了自己的环形交际模式。在他的这个模式中，交流的参与者既是信息的发送者也是信息的接收者。在每一个循环中，他们不断变换着角色。这个模式更加注重的是交际的整个过程。关世杰认为，它对于人际交流的情境更具有概括性和适应性，这不仅是一个宜于分析人际交流的模式，而且有助于我们理解跨文化交际关系。

4. 交际和文化

交际行为是在文化的基础上形成的，它肩负着文化传播的使命。交际受到文化的制约，不同的文化基础形成不同的交际行为，交际中，不同文化背景下诸多事物所展现出的是色彩斑斓、纷繁各异的不同意义。

如在我们现实生活中并不存在的"龙"。在古老的中国传统文化中，龙是民间信仰中最神圣的神异瑞兽。《说文解字》中是这样描述的，"龙，麟虫之长，能幽能明，能大能小，能长能短。春分而登天，秋分而入渊"。中国民间传说中龙是尊贵的象征，与帝王、皇室关系紧密，它是祥瑞之兽，与国泰民安、大吉大利不可分割。中国人以龙为崇高威严的象征，把龙奉为百兽之灵长。因为它的腾云驾雾和神灵出没的灵异品格，人们尊龙是"四灵"之一。在中国古老文化的传说故事中，龙专司雨水，是造福万物和百姓的神物。每逢传统节日和盛大庆典，民间都会组织舞龙、赛龙舟等形式多样的大型祈福活动，人们聚集在一起，寄希望于龙的庇佑，祈祷来年风调雨顺、五谷丰登。作为神灵的象征，龙的形象的确是遍及中国人生活的各个角落。从古至今，历代皇帝王室的建筑，均以龙形为主要标志，如天安门汉白玉华表上腾空而起的飞龙，故宫大殿云龙阶石上浮云遨游的巨龙，首都北海公园和山西大同龙壁上神态各异的祥龙等。如今，在全球化已成为趋势的今天，"龙"早已成为华夏民族和中华儿女的象征，傲然屹立于世界的东方。世代生长在中华大地上的炎黄子孙，抬头挺胸，骄傲地向世界宣告自己是龙的传人。从某种意义上讲，"龙"是我国传统文化中的一种文化特质。

西方神话传说中的龙（dragon）是一种鳄鱼类的陆生动物，它的性格极其凶残，是"喷烟吐火"的怪物。西方人认为它是邪恶的象征，因其凶残、肆虐，应予以消灭。在一些描写圣徒、英雄和龙争斗的西方神话传说中，故事的最终结果大多以怪物被杀画上句号。中世纪时，基督徒曾把《圣经》中引诱人类祖先偷尝禁果的毒蛇称为恶魔，而龙因为与蛇形似被影射为邪恶的化身，故而恶魔撒旦又称"巨龙（the great dragon）"。英语中它有"凶暴之徒""严厉透顶的人"等诸多意思。而在现代英美新流行语中，母夜叉（A dragon lady）指以统治者身份行使极大权力的女人，"dragon"也意为打人的警察。

而在俄罗斯文化中，"龙"（дракон）一词与英文"龙"的单词字母拼写和发音都极为相似。它源于希腊语，指生有一副翅膀会飞并喷吐火焰的怪物，其性格贪婪邪恶，是邪恶势力和魔鬼的象征。随着东正教传播，龙因为《圣经》中招致的恶名而在广袤的俄罗斯大地上家喻户晓。甚至，我们在俄罗斯国徽上都可以看到圣徒乔治屠龙的画面：在双头鹰胸部的红色盾牌上身着白衣、骑白马的骑士，手持长矛刺向一条龙怒张的大口，龙被骑士的坐骑踏翻在地，仰面朝天……这象征着善良战胜邪恶和英雄保卫国家。俄罗斯文学作品中经常用龙来比拟冷酷无情的人。依据龙在俄文化中的意义，"亚洲四小龙"中的"龙"被"虎"替代，在俄语中被译为"亚洲四小虎"。

每一个人都是在自己所处的环境中通过交际来学习的，在有意或无意中通过自身的文化习得获取交际方法。换句话说，我们考虑的问题、说话的方式、谈论的话题等无一不受到文化因素的强烈制约。人类的文化是通过交际发展起来的，交际行为本身又形成了一种文化特性。因此，文化就是交际，交际就是文化，两者之间的关系是一种你中有我、我中有你的相互依存关系。理解和把握好这一点是促成跨文化交际成功的一把万能钥匙。

## （二）跨文化交际

葡萄牙探险家迪亚士到达好望角，郑和下西洋，麦加圣地的朝拜以及丝绸之路的延伸，中外历史上铭刻记载的这些远行过程都是跨文化交际的历史，其中所包含的足迹就是跨文化交际的起源。

跨文化交际是伴随着人类的诞生就存在的一个重要现象。早在1492年8月，意大利航海家哥伦布离开了西班牙的巴罗斯港，历时两个多月的海上航行后，他发现了美洲巴哈马群岛的华特林岛，也就是我们所谓的"新大陆"。返航时，哥伦布在这块土地上留下了三十几位水手，并把他俘虏的印第安人带回国，这便是早期的人种迁移。此后，西班牙人陆续将美洲的烟叶、番薯、玉米、可可等带回欧洲，进而把它们传播到世界各地。由此可见，正是这些跨文化交际活动促进了世界资源的共享，同时，也促进了世界文明的广泛传播。可以说，世界上任何一个国家或是民族的形成和发展都不是孤立自封的，而是伴随着跨文化的接触和交流活动存在的。

有学者认为，世界范围内的交际经历了五个阶段：语言的产生、文字的使用、印刷术的发明、交通工具的进步及通信手段的迅猛发展和跨文化交际。该学者认为，世界范围内近二十年的交际是以跨文化为特征的，这是人类交际的第五个阶段。因此，我们可以得出结论：跨文化交际和语言的产生具有不分伯仲的重要地位。

当今社会中，交通工具的飞速进步和通信手段的迅猛发展使不同国家的人们能够频繁地接触和交流，越来越多的人开始重视跨文化交际。其中，如日中天的互联网更是通过计算机网络系统在一个虚拟的空间里把全世界各地的人们结成一个整体。如此大规模的人口流动、多层次性和高频繁性的人际交往是前所未有的，整个人类已经悄然步入全程信息化时代。互联网络已延伸到世界的每一个角落，信息化社会跨越了地区、民族和文化的界限，消除了时空差距，可以说是无所不至、无处不及。网上银行、网上购物、网上会议等都已如寻常事物走入我们的生活。来自不同国度、互不相识的人可以通过因特网交流信息、建立友谊和拓展业务。所有这一切都表明，跨文化交际已经成为我们这个时代一个极为明显的社会特征。

大多数人认为，对他们来说，跨文化交际似乎只是一个学术术语而已，是一个普通人在日常生活中根本无法触及的虚空事物。但事实上，我们每一个人常常是在不知不觉中从事着跨文化交际活动，甚至即使不与外国人接触，我们仍可能是跨文化交际活动的直接参与者，如欣赏外国电影、电视节目，阅读外语文学作品等。作为观众和读者，自始至终，我们与来自不同国度、具有不同文化背景、使用不同语言的作者及电影电视演员们一起走过他们在戏里、书里的人生，同甘共苦。因此，从某种程度上来说，如何去正确理解外国小说、电影和电视中的故事情节，同样是一个复杂的跨文化交际过程。

1. 跨文化交际的概念

跨文化交际首先是一种交际，它具有交际的特征，如特定符号表述的意义、信息的传送与共享，它也遵循着交际的模式。但是，跨文化交际不是一种普通的交际，它是一种有着自己的特点和模式、具有特殊性的交际方式。

"跨文化交际"的概念最早产生于美国。它是根据英文"intercultural communication"翻译而来的，指的是具有不同文化背景的个人之间的交际，换句话说，跨文化交际是不同文化背景的人之间所发生的相互作用。从其本身来看，跨文化交际并不是什么新鲜事物，它是自古以来就存在的一种普遍现象。具有不同文化背景的人在进行接触时肯定会产生跨文化交际。甚至，我们可以毫不夸张地说，跨文化交际的历史本身就是人类自身的发展史。

20世纪70年代初，狭义的跨文化交际被引入有关外语和交际培训的文献中。跨文化交际意味着一种特定的交际情境：在直接进行面对面的交流情境中，来自不同文化背景的人用不同语言和话语策略进行交流。随着该术语的普遍使用，它被广泛地用于翻译研究、对比语言学（语用学）、外国文学阅读以及文化意义的比较分析中。因为在没有采用新方法论的前提下开展了一些相似的研究，因而广义的跨文化交际遭受到一些批评，结果使得这一术语没有揭示其相关领域的一些重要问题。但是，狭义的跨文化交际研究和应用已经拓展为相对特定的兴趣领域，即对来自不同文化背景的人所进行的面对面的交流而开展的话语分析。

纵观我国的跨文化交际活动，它的历史如同中华上下五千年的传统文化一样源远流长，并散发出耀眼夺目的光芒。其中，明代郑和率领庞大的船队7次出使西洋，最远曾到达非洲东海岸和红海沿岸，访问了约30多个国家。这次远航大大促进了中国和亚非各国的经济交流，是世界航海史上的伟大壮举。重要的是，它是中国历史上较大规模跨文化交际活动的开篇序曲和前奏。21世纪的今天，科技进步压缩了时间和空间距离，也缩短了这个世界人与人彼此间的距离，这一切都使生活在不同地区的人们之间的交流变得空前简单易行。因此，现代社会中，跨文化交际的重要性远远高于历史上任何一个时期。

自20世纪80年代至今，中国政府大力推行的改革开放政策，把一个昔日紧闭大门的国度同世界各强国连线，无数跨国公司和外资企业频频在神州大地上安家落户便是这个政策的直接显现。中国和世界上绝大多数国家和地区都建立了直接的经济、贸易往来关系，国与国之间的依赖性越来越强。越来越多的中国人投身于异域文化的环境中，出国学习、从事商务洽谈业务甚至跨国联姻比比皆是。同时,改革开放所带来的经济的迅猛发展和生活质量的骤然提高也促使大批中国人跨出国门,他们利用闲暇时间来饱览异域风光,开阔自己的视野。经济强国的大浪让中国人卷入一个又一个五彩缤纷的神奇万花筒,同时,也将他们置身于一个又一个跨文化交际的国际化大舞台。当今的中国社会已经全身处在一个全方位对外开放的平台上,这在中国历史上是一个全新的伟大时期。这一切都使我们遭遇了从未有过的文化摩擦、文化误解和文化休克。

2. 跨文化交际研究

随着通信、交通工具的迅速发展和全球化趋势的增强,跨文化交际变得更为直接而且不受时间约束。同时,为了更好地相互适应,我们往往需要更多特定的跨文化交际策略来协调和融合跨文化交际中的具体活动,跨文化交际研究已经成为一门非常重要的学科。

"global village(地球村)"是一个新兴词汇,它正是对当今急剧变化的世界大环境的一个最为形象、贴切的比喻,跨文化交际研究就是在这种需求背景下展开的专业探究活动。

(1)跨文化交际研究

美国是一个多民族、多种族的国家,它具有进行跨文化交际研究的沃土根基。自20世纪60年代起,美国的学者们将跨文化交际研究作为一门学问来对待,主要的研究方向集中在人们如何处理语言、行为的差异及其不同效果上,以特定的文化方法描述并探讨交际参与者在特定情境下的语言行为。跨文化交际中语言运用的研究在外语教学领域变得日益重要,因为当外语学习者想把课堂知识应用到真实的跨文化交际情境中时,这些分析能够给他们提供必要的语言基础技能。

相比较而言,我国跨文化交际研究的历史很短。20世纪80年代中期开始,我国学者们才注意到这方面的问题,其研究初期的重点是放在外语教学以及文化及语言的关系上。自许国璋先生发表论文"Culturally Loaded Words and English Language Teaching(文化负载词与英语教学)"之后,1982年开始,学者们谈论文化差异的文章越来越多,并相继发表在各种学术刊物上。究其原因,一方面是由于人们对跨文化交际很有兴趣;另一方面是因为交际教学在外语教学中的推广,使人们进一步清醒地认识到学习外语必须结合文化。对语言学习者来说,只关注语言的形式不同,而不注意分析语言的内涵,是绝对学不好外语的。

1995年,我国第一届跨文化交际研讨会议在哈尔滨工业大学召开,这也是我国首次将跨文化交际作为主要议题的会议。会上成立了中国跨文化交际研究会，选举产生了研究会的领导机构，会议决定每两年召开一次大会。1996年8月，北京大学与美国Kent State University（肯特州立大学）共同举办了议题为"交际与文化——进入21世纪的中国与世界"的研讨会，1997年在北京外国语大学召开了第二届会议。在这里，我们不得不涉及一个时常被人关注的问题，跨文化交际研究的理论框架和研究方法究竟是什么？跨文化交际研究的一个突出特点就是它的多学科性质，它的理论与材料来源于人类学、心理学、语言学、社会学、文化学等众多学科，其中，人类学，特别是文化人类学对于跨文化交际研究的贡献极为突出。没有一个固定不变的绝对模板适合所有从事跨文化交际研究的学者，因为在跨文化交际作为一门学科出现以前，文化人类学对于文化的定义、文化和语言的关系、非言语交际等都已经做了很多研究，搜集了大量的材料，为跨文化交际的创立准备了必要的条件。在具体的文化差异方面，跨文化交际研究取之于人类学的则更多。人类学家许烺光所著的 *Americans & Chinese Passage to Differences*（《美国人与中国人：两种生活方式比较》）对于中美文化的差异做了十分全面而透辟的分析。可以说，人类学在跨文化交际研究中起到了举足轻重的作用。

（2）跨文化交际研究的目的

跨文化交际研究发展至今，它的研究目的主要涉及以下三个方面。

①培养人们对不同文化持积极、理解的态度。文化具有个体差异性，通过发现对方的不同点，才能注意到不可忽视的大量的共同之处。反过来在这个过程中，我们能够加深对自身文化的理解，从而做到客观地把握各自的文化特性。

②培养跨文化接触时的适应能力。当我们第一次与异域文化碰触时常会受到文化冲击，进一步导致某种不适应产生。设法减缓冲击、提高适应能力是使跨文化交际得以成功进行的唯一途径，这也是跨文化研究的一项重要内容。

③培养跨文化交际的技能。随着对外开放的进一步扩大，走出国门或留在国内参与跨文化交际的人越来越多，他们需要学习，需要掌握与不同文化背景的人打交道时必备的实际技能。在美国，除了在大学里设置了相关课程以外，社会上也有许多机构专门负责跨文化交际技能的培训和进修，以此来适应国际化社会的需要。正是基于这一点，跨文化交际研究的实践意义要远远大于它的理论意义。

事实上，我们周围许多人对跨文化交际的重要性还缺乏一定的了解和认识。大部分人认为这不过是外语学习过程中一个常见的问题，并想当然地以为，小孩子只要学会外语，按照习惯做法，剩下的一切完全可以迎刃而解。然而，他们忘记了，习惯是一种具有个体差异性的客观物质，不具备普遍性。它常因文化背景的不同而有所不同，即使是细微的差异也不能忽略。在中国特定的文化背景下属于常识性的行为和表述，在某个外国文化的背景下很可能就变成一种反常的行为。有些中国的语言学习者认为，听、说、读、写的四项基本技能便是外语学习的全部内容，掌握了它们就可以顺利地与外国人交流。这里，他们错误地将跨文化交际能力和掌握外语的基本能力画上了等号。事实上，当外语学习者掌握外语达到一定程度时，常常嘴上表述的是外语，但往往是首先根据中国的文化背景来进行相关的价值判断，进而再选择适用的语言规则。一种文化与另一种文化之间的细微差异常常意味着截然相反的价值观和方法论。用外语进行交谈，实际上就是在从事跨文化交际活动。参与者仅能够用丰富的词汇、正确的语法和表达流利的外语口语去交流，并不足以与外国人进行无障碍沟通。笔者通过切身体验发现，越来越多的跨文化交际参与者和语言学习者对这个客观存在的事实不置可否。

不同语言和不同民族具有不同的文化特质，准确地说，这些不同的文化特质就是交际中的文化差异，具体表现为不同的交往方式、问候礼仪礼节和文化习俗等。文化差异的高级表现形式就是文化休克，避免这些休克的主要途径之一就是跨文化交际研究。如果对研究者目标文化没有一定的了解，在交际过程中就容易造成交际障碍。跨文化交际研究一方面可以帮助交际双方消除不必要的误解；另一方面，它能够帮助交际双方避免冲突。跨文化交际研究能促进文化交流，帮助我们全面了解各国文化的过去与现在，同时，有利于帮助我们反省自身的文化。古语有云：不识庐山真面目，只缘身在此山中。只有纵览世界文化，将本民族文化与其他各国文化进行全面的比较，我们才可能意识到某种文化的优势，从而发现本民族文化的弊端与不足，才能够站在更高的层次上与世界对话和交流。

跨文化交际研究者的学科和学术背景是不尽相同的，因此，在进行跨文化交际研究时，他们所采取的研究理论与方法也有所差别。跨文化交际的研究者应采用对比的方法，通过搜集和整理英语、汉语语言相关的诸多不同文化习惯的相关资料，说明不同语言的文化背景在跨文化交际中的重要性。

在跨文化交际中，我们必须认识到掌握交际时所使用语言的重要性，它是世界各国人民成功实现跨文化交流的唯一工具。

### 3. 文化休克与跨文化交际能力

文化休克是跨文化交流过程中的一种客观存在，每个置身于新的文化环境中的人都会遇到，能否很好地应对这个问题，是跨文化交流能否获得成功的重要因素。

文化休克直接影响着跨文化交际。从个体的层面上看，它直接影响着个人能否适应新的环境，能否顺利完成跨文化交际；从组织交流或国家交流的层面看，因为个人的原因可能直接影响组织交流和国家交流的成败。所以，全球化背景下的文化交流，无论从个人层面，还是组织交流和国家交流的层面，都无法回避文化休克的问题。只有解决了这个问题，才能更好地实现全球背景下的跨文化交流。

20世纪初期，随着国际间交往的增多，一些政府机构和跨国公司为使海外派遣人员更好地适应当地的生活，完成派遣的任务，开始针对派遣目的地文化展开对海外派遣人员的培训活动，如讲授目的国自然环境、社会环境知识，教授目的国语言等。但没多久，研究者和企业就意识到仅仅向外派人员提供目的国的相关信息和传授语言知识是不够的。同时，随着文化休克、跨文化适应、跨文化交际能力等理论的发展，越来越多的学者指出，跨文化培训应从认知、情感、行为三个层面上来衡量，培训应更重视文化敏感性和适应性的培养，重点在使受训者充分认识目的国不同于母国的文化差异，比如生活习惯、风土人情、历史文化背景、思想观念、行为方式等，并在此基础之上，对可能产生的文化冲突形成足够的洞察力和警觉性，以减少到新环境后产生的受冲击的不适应感，从而适应目的国的异域环境，提高对抗异域文化的应对能力。

但必须指出的是，无论何种真实的模拟培训，通常仅能引导受训者理性的了解、应对这些差异，而很难让受训者在情感上产生真实的波动，而这种心理上、情感上的波动又恰恰是真实的文化休克的写照。

此外，我们必须意识到，真实的文化是有生命力的、有变化的，交际也是互动的，所以跨文化培训的内容永远也不可能囊括所有的文化差异，也很难再现具体的文化差异的场景，却可能由于缺乏真实互动而使受训者走向非此即彼的文化适应两分模式。而真实的文化休克却可以使交际者在负面性的冲击中获得真正了解对方文化的好机会，是跨文化交际能力发展的开始。

因此，跨文化交际者如果经历了真正的文化休克，同时能用积极的心态来应对，那么他所得到的个体成长也是很明显的。首先，必定是理性地认识并应对这些文化差异，减缓文化休克的冲击，同时加快跨文化适应进程；其次，必定是个体跨文化意识、跨文化敏觉力的提高。简而言之，文化休克带来的"个体成长"首先表现在个体跨文化适应程度和跨文化交际能力的真正提高，它是个体在两种文化间自由跨越的真正体现。

跨文化交流的深入研究有利于促进不同文化之间的交流与沟通；研究跨文化交际与文化休克有助于促进跨文化人际交流，为不同文化之间的交流提供理论指导，从而使人们在实际交流中减少不同文化之间的冲突，促进文化的融合。

实际上，文化休克研究与跨文化适应研究是无法分离的统一体。文化休克代表了跨文化适应过程中最明显与主要的部分，甚至是跨文化适应的代名词。文化休克不是只对跨文化交际者形成负面障碍，同时它也对跨文化交际者提出了积极的挑战，是交际者跨文化交际能力发展和个体内在成长的助推剂。因此，梳理文化休克在跨文化适应研究发展中的作用及意义有助于我们从积极的角度来看待跨文化适应和跨文化交际能力培养的深层次研究。

## 二、跨文化交际能力的内容

教育部新大学英语课程要求的出台，结束了英语教学只注重语言知识传播的状态，培养学生的交际能力特别是跨文化交际能力成为大学英语教学目标。

### （一）基本交际能力系统

跨文化交际学对跨文化交际能力内容的界定不尽相同，这里我们介绍的是基本交际能力。

1. 语言和非语言行为能力

作为重要交际手段的语言是基本交际能力之一，指包括词法、语音、语法、句法在内的语言能力。语言能力的培养是在听、说、读、写的学习和训练中实现的，无论是强调结果的语言教学大纲还是强调过程的语言教学大纲，熟练使用语言的能力，构建目的语的语音、语法、句法、词法系统无疑都是重要的培养目标。

然而，语言却不是交际的唯一手段，无法用语言交流的人也可以用其他方式达到交际目的。有语言能力的人，有时也会选择用其他方法进行交流，所以要培养交流能力，在语言教学中还要渗透非语言行为能力。爱德华·萨丕尔对非语言行为的定义是没有明确记载、没人知道却每个人都知道的细致的密码。据估计在交际中非语言系统占比达93%，包括用肢体语言收发信息、面部表情、目光接触、交流距离、姿态、音调等。非语言系统包括以下几个方面的内容。

（1）身体语言

《朗文当代高级英语辞典》中"body language"的解释是"用身体姿势或运动来表现你的感觉或想法"，在其他字典的解释中有"用非语言的形式进行交际"的描述。

（2）姿态

姿态，指手、手臂、头甚至是整个身体的运动或动作表达一定的意义，这些以文化传统为基础的符号通常会在跨文化交际中引起误解。例如，各国用以表达"来""去""同意"或"拒绝"的姿态或手势有相同的地方，但还是不同的地方居多。

（3）面部表情

人们使用眉毛、眼睛、面颊、鼻子、嘴唇、舌头、下巴以非语言的方式表示"再见""是的""不知道"等意思。例如，在很多文化中"点头"是同意的意思，而印度人说话时"摇头"是表示同意。

（4）目光接触

目光接触也是一种交流手段，不同国家对目光接触的理解也是不同的。目光接触不够或过多目光接触都会导致焦虑感。欧美文化中，小孩一般都被教育不要长时间盯着人看，但是当别人在讲话时应该注视其眼睛。在中国文化中，人们之间目光交流比较少，也不会直接正视别人的眼睛，目光接触时双方通常都会避开。所以，欧美人士与中国人相处时总会觉得中国人目光飘忽不定、心不在焉，当双方目光相遇时，中国人会避开交流，常被误认为没礼貌。

（5）交流距离

人与人交流时总会保留一定的安全距离，距离的远近通常取决于关系。通常来说，亲朋好友之间距离会近些，与陌生人距离远些。南方美国人彼此距离比北方人近，北方美国人之间的距离比斯堪的纳维亚半岛人要近，而中国人彼此的距离要比西方人近。违反距离原则的行为会被认为是侵犯行为，所以不经意地彼此碰撞或接触时，人们都会说"对不起"之类的话表示歉意。

（6）时间观念

英语中的时间似乎是物体而不是客观经验，英语中有"saving time"省时、"spending time"花时间、"wasting time"费时间这样的表达。不同文化对于"准时"的理解也各有不同，比如在日本文化中人们通常都会比预定时间早一些，而意大利人通常都会比预定时间晚一些。

不同国家语言和非语言行为的不同导致交流障碍，了解交际文化中语言和非语言的内容对课堂语言学习非常重要。

2. 文化能力

跨文化交际中，"不论是同一民族组成的文化，还是主流文化内的不同的群体文化，大多都有自己的文化系统"。不同文化身份的人的价值取向、世界观、生活方式及交际规范等均有不同，因此，文化能力是跨文化交际能力中重要的一项。了解交际中的文化能力就要了解交际文化系统，群体的历史、社会和文化的特征，包括自愿或非自愿交际文化系统（如自愿交际文化中的公司的目的是提供职业，还是寻求经济利益）、历史、世界观、信仰、价值观念和宗教。

根据以上交际文化系统，跨文化交际能力的文化能力包括以下几点。

①与作业程序相关的知识；②信息获取的技能与方略；③处理不同的人际关系、扮演不同的社会角色、承担不同的社会身份、处理不同的情景和场合的能力；④具备交际者所具备的素质，如自我调节、对文化差异高度敏感、对非言语行为有高度的意识性；⑤对（交际）文化取向、价值观念、世界观、生活方式等知识的了解。

### 3. 相互交往能力

跨文化交际的交往能力，是根据交际规范来界定的。交际规范包括环境和情景与交际的关系，尤其是承担各种文化身份、社会角色，处理社会和人际关系的能力，会话合作、礼貌交际、面子功夫、轮番谈话、语篇衔接、毗邻对偶等交往能力，非言语行为、关系协调、情感和关系的认知能力。根据以上交际规范，相互交往能力包括以下几点。

（1）言语行为能力（言语的社会功能，言语对情景的适应性规则）

这里所说的言语与语言是有区别的。语言的概念广义上指人类用于交际的一切符号，狭义上指口头语言、书面语言和文字；而言语一般指具体的语言。言语行为理论在社会心理语言学中有所研究，其创始人是英国的奥斯汀，其理论核心是行动性话语、表述性话语、话语行为、话外行为和话后行为。需要解释的是话语行为，即说话本身，也就是说出有意义话语的行为。话外行为是说话者想通过说话来做某事的行为，它表明话语真实的目的和意向，如商量、说明、劝告、警告、请求、命令、道谢等。话外行为涉及人际相互关系，奥斯汀将其分成五类：①评决式或断定词；②行使式或行使词；③约束式或承诺词；④行动式或行为词；⑤表述式或解释词。

话后行为是指说话人所说的话对听话人产生影响从而取得某种效果的行为。美国加州大学塞尔教授发展了奥斯汀的理论，提出直接言语行为和间接言语行为。直接言语行为所表现的实际话外功能是显性的、直接的、字面的；而间接言语行为所表现的实际话外功能是隐性的、间接的、非字面的。

贾玉新在其编著的《跨文化交际学》中关于言语行为能力的论述也基本参照奥斯汀的理论，其总结的言语行为能力包括以下几点。

①对语言系统及其使用系统的高度意识性,能够掌握语音本体的结构系统、掌握语言的使用系统、对言语行为的多层面意义具有高度敏感性。

②对信息设计的逻辑能力的掌握,包括信息设计的表达逻辑、信息设计的习俗逻辑和信息设计的修辞逻辑。

信息设计的表达逻辑指说话的策略,包括把交际当作表达思想的形式、表达思想简单明了、交流之前先叙旧、对要说的话仔细推敲,以使其产生最佳效果。信息设计的习俗逻辑是指说话要讲究礼貌,如致谦语、恭维语、模糊语等,具体包括把交际当作相互合作和受规则制约的游戏、适应对方,行为要得体,关心现在和处理好人际关系,使交流更加有效。

信息设计的修辞逻辑要求说话人达到移情的目的,为别人着想,进而达到改变别人的观点等目标,但前提是不伤害别人的感情。做到这一点要重视灵活性和做到审时度势、未来取向,努力重新认识环境、适应环境,以使信息更加有效。

(2)交往规则或语用规则

除了言语行为能力是相互交往能力外,交往规则或语用规则也是决定有效交际程度的重要因素,包括以下几点。

①会话合作原则。语用学中会话合作原则包括四条准则:数量准则,指使自己所说的话达到交谈的现实目的所要求的详尽程度,并且不能使自己所说的话比所要求的更详尽;质量准则,指不要说自己认为是不真实的话,不要说自己缺乏足够证据的话;关联准则,指说话要贴切;方式准则,指避免晦涩的词语、避免歧义、说话要简要(避免赘述)、说话要有条理。这四条准则中前三条与"说什么"有关,而第四条与"怎么说"有关。

②人际交往礼貌及面子原则和方略。语用学中对礼貌原则的准则有具体的论述,包括:策略准则,用于指令和承诺;宽宏准则,用于指令和承诺;赞扬准则,用于表情和表述;谦虚准则,用于表情和表述;赞同准则,用于表述;同情准则,用于表述。这些准则解释了话语礼貌与否的规则,同时语用学对礼貌策略也有所规定,包括促进各方关系和运用礼貌策略促进各方关系,指说话时注意自身一方,说适合自己身份地位的话,不说不适合自己身份地位的话,并且话语通常倾向于谦虚;尊重对方,说适合对方身份地位的话,不说不适合对方身份地位的话。对于对方,话语通常倾向于较为尊重或客气;考虑第三方,充分注意到交际时在场的第三方,不说影响到他们身份地位的话,如果有需要,可以说适合他们身份地位的话。

运用礼貌策略,包括积极策略,如说适度谦让、尊重或客气的话;消极策略,如说适度中和的话。

　　莱温松认为，礼貌是"典型人"为满足面子需求所采取的各种理性行为，他们的礼貌理论被称为"面子保全论"（face saving theory）。面子保全论分析了面子威胁行为并估算了面子威胁论的行为因素，指出礼貌的补救策略包括：①不使用补救策略、赤裸裸地公开施行面子威胁行为；②积极礼貌策略；③消极礼貌策略；④非公开地施行面子威胁行为；⑤不施行面子威胁行为。

　　③语篇组织规则、话轮结构、毗邻对偶结构、衔接与连贯。话题是会话结构的基本构成因素，一次会话往往是由相对连续的话题组成的。赖利认为话语语篇有三个层面：通过语法实现的语篇的形式结构层面；交际中的语力结构；通过轮流发言或话轮、毗邻对偶等实现的交往结构层面。

　　文托拉认为，会话包括七个阶段，即会话开始阶段、问候阶段、安全话题、称谓、自我介绍、真正话题阶段和会话结束阶段。贾玉新总结库尔萨德和蒙哥马利等人关于话题发展的类型有：①话题介绍，是问候和自我介绍后谈话的第一个话题；②话题继续，衔接比邻对话；③话题上指，简而言之是旧话重提，包括：a.当某一话题接不下去时，说话人从前面同一序列谈话的脉络中寻找已经谈过的话题，使谈话继续；b.扩展话题；c.话题渐渐消失；d.话题再生；e.话题再现；f.话题改变。

　　掌握会话的规律是提高交际能力的基础，外语课堂教学中口语训练是重要的一项，教师不但要教学生说什么，还要教怎么说、何时说，这样才能提高学生的交际能力，再配合目标语文化学习才能最终实现跨文化交际。

### 4. 认知能力

　　人类的认知系统虽然有共性，但是个人认知能力是不同的，对某一事物、人或现象的认知可以受到该人所处的文化背景的影响。文特认为，认知由描写、解释和评价三个阶段构成，交际失误是由于人们在交际过程中没有正确区分这三个重要阶段。描写指对人们观察到的行为进行客观描述，没有评论也没有任何社会意义。解释过程是对所观察到的行为进行加工，赋予意义，当然对任何行为的解释都会有不同。评价是对解释赋予积极或消极的社会意义。

　　认知能力在培养跨文化交际能力中很重要，中国人与西方人对同一描述的解释不同，导致评价不同，最终会产生误解，导致交际失败。教师在教学中可利用渗透在语言教学中的文化教学向学生解释这种不同，使学生能够从另一种认知角度去解释一种描写，从而产生评价。

## （二）情感和关系能力系统

1. 情感能力

这里所谈的情感能力主要指的是移情，字典中对移情的解释是认同和理解别人的处境、感情和动机。前面认知能力中所提到的描写、解释和评价就十分需要移情。例如，西方人不喜欢谈论隐私，而中国人的人际关系系统中对他者的关切是重要的交际手段。如果在交际过程中交际双方都以对方的习惯去看待问题，避免谈论对方禁忌的话题，那么就做到了移情。

美国圣迭哥州立大学传播学院教授萨莫瓦尔总结了移情的六个步骤。

①承认个人和文化之间大量差异的存在，这是个普遍现象，世界是多面性的。

②充分认识自我。

③悬置自我，消除自我与环境的分离状态。

④我们设想自己处在别人的位置上，深入别人的心扉。

⑤做好移情准备，经验移情。

⑥重建自我。

课堂教学中的移情能力的培养方式可以多种多样，但教师首先要熟练掌握移情的规律，结合所教内容对比文化差异，培养学生对他者文化的接受能力，从而最终培养其移情能力。

2. 关系能力

两者以上才有关系存在的可能性，而在两者以上这种关系模式中，参与者会扮演某种角色，所以在社会交往中的人际关系从方式到内容与角色之间的关系、行为都有很大联系。角色因文化而有差异，表现在：①正式与非正式程度；②个人化程度；③允许偏离理想角色的程度。

例如，中国教师一般作风都很严谨，而中国学生发现一些美国外教上课时教态比较随便，这就是正式与非正式程度上的差别。个人化程度的不同会导致同一社会角色的处事风格不同，例如，在中国这种注重与他者关系的文化背景下，谈生意会先把对方当朋友，而美国人则先把对方当对手。允许偏离理想角色的程度是指某些文化对角色行为的偏离容忍度大；反之，有的文化对角色行为的偏离容忍度小，中国文化就属于比较严格的文化。

在跨文化交际中，只有理解不同文化背景下角色的行为特点才能入乡随俗，顺利完成交际，策略如下。

①交际双方应满足彼此自主和亲密交往的需要。

②相互吸引是建立良好关系的基础,交际以产生共识为前提,而共识又涉及文化取向、价值观念等方面的共享,共识能强化未来的进一步交往。

③以适应对方代替群体中心主义;用言语或非语言行为对对方表示关注;齐心协力,反应及时,避免突兀插话,积极提供信息反馈,话题转换顺其自然;尽量做到自我展示;具备处理和解决焦急、挫折、文化冲突、社会隔阂、经济危机等心理和社会障碍的能力;具备在不同场合下能不拘一格、富有创造性、灵活机动、圆滑变通、以变应变的能力。

在第二语言课堂教学中,培养学生的关系能力可以通过分析文本或材料中的关系模式,并与中国文化中的关系模式对比来实现。另外,在外语教学中的情景会话和角色扮演部分,不但要训练学生语言的熟练程度,而且还要训练学生处理人际关系的能力。

### (三)情节能力系统

澳大利亚著名社会心理学家福加斯为情节下的定义是"某一特定文化环境中典型的交往序列定式",简而言之,就是在某种特定交际场合中会发生的行为。英国社会语言学家甘柏兹为情节下的定义是"被谈话人当作一套完整的交际惯例,它们独立于语篇,而且有一套独特的言语和非言语规则,它们是重复性的,是可以预测的,它们尤其具有一套可以辨认的开始和结束的序列"。

那么,情节能力就是交际者应该知道如何处理具体情节下程序性规定的能力。交际者至少应该具备四个方面的情节能力。

①情节中的行为必须达到人们的期望,这种期望是指某一文化中的人们所具备的常识性的知识,这种常识性的知识或期望好比戏剧的剧本或脚本。情节中的脚本是用来表示某一特定情节是如何形成的,用来表示某一情节与其他情节有所区别,表示某一情节何时开始、何时结束;规定了某一特定情节中的具体行为目的的结构或具体顺序。在外语教学中情景教学就是一种脚本,例如,打电话、在餐厅就餐、到朋友家做客等。对脚本中行为规则的了解是培养跨文化交际能力的重要内容。

②在特定情节中,交际者一定要达到某一目的,势必会尽一切努力去实现。实现交际目的是最终的交际目标,在第二语言教学中任务型教学法就是培养学生实现交际目的的教学方法。

③遵循特定情景中的交往规则的能力,包括如何开始谈话、结束谈话、对对方做出反应等。交往规则或称交际原则包括平等交往原则、求同存异原则、互惠互利原则和诚实守信原则。交际学对交际模式的描述,包括我输你赢模式、

我赢你输模式、两者皆输模式和两者皆赢模式。

④话题与交往场景。交往的场景是社会情节的重要部分，一切日常会话中反复出现的话题惯例和礼仪性的会话行为组成交往场景。贾玉新总结了对常规或原有规则的超越能力，主要包括四个方面。

一是结束某一项交际事件的能力。交谈者一般都有一套独特的信号或标记，一套向谈话参与者表明他们要结束正在进行的谈话，开始新的话题，或者改变正在进行的谈话内容的信号。例如，问候，人们在谈话最初五分钟决定是否继续谈话，其间的信息交流具有一定的仪式性；轮番发言，指与交际对方交换说和听的角色，诺夫辛格把轮番发言称为人们用来争取说话机会的"发言票券"，如凝视、清理嗓子、身体前倾或面部表情等都会被当作发言的准备。

二是解释是说明我们所处世界和我们行为的合理性的一种重要方式，也是人们用来协调某一特定情节中正在发生的事情以及用来协调某一特定情节中交际双方行为的有效手段。

三是事后解释或谅解，在交际双方的协调能力受到威胁后所做的解释叫事后谅解，包括意外事故、错误、回避、争取同情、请求"赦罪"。

四是更新建立交际环境，指我们不想介入某些情节时的回避策略，包括离开某一情节、阻止某一情景中的行为发生、重新组建情节。

### （四）策略能力系统

这里的策略能力并不是指谈话时的总体技巧或策略，而是指交际者因语言能力问题或语用能力问题没有达到交际目的，而采取的补救措施或策略，策略能力是交际能力的重要组成部分，包括以下几点。

①语码转换策略，指当语言局限表达时可在双方共享的语言中选择转借词。

②近似语策略，指用近似语来弥补因语言能力不足带来的词语或语篇空白，包括笼统化、释意、创造新词语、重新组构。

③合作策略，指交谈双方共同努力利用彼此已有的语言知识、文化知识共同解决交流障碍。

④非言语策略，指采取手势语等非言语形式进行交流。

情节能力系统的培养，在第二外语教学中是可实现的，随着对培养学生交际能力的逐步重视，语法类大纲正逐步被交际大纲所替代。教材是按照交际情景的主题来设计的，其中所提供的情景可以训练学生的情节系统，培养其交际和跨文化交际能力。

## 三、跨文化交际能力构成要素的不同视角解读

跨文化交际能力到底由哪些因素构成，不同学者从不同的视角解读，形成了不同的观点。下面我们介绍三种较有影响力的关于跨文化交际能力构成要素的理论模式，供大家参考。

### （一）布瑞恩·斯皮茨伯格的跨文化交际能力模式

布瑞恩·斯皮茨伯格提出，跨文化交际能力的模式中含有三个系统：个人系统、情节系统和关系系统。个人系统包括个人所拥有的所有对完成有效交际有帮助的特点，主要包括动机、知识和技能三个方面。情节系统包括使某个交际者在特定交际情节下与另一交际者成功交际的特征。关系系统不仅仅对某个特定情节有帮助，而是对整个关系范畴有帮助的部分。三个系统相互联系，层层递进。个人系统是情节系统的基础，情节系统的总和构成了关系系统。交际者具备了良好的个人系统，就更有可能在特定情节下进行成功的交际。如果在多数情节下都能进行成功的交际，那么他也就具备了良好的关系系统。

### （二）米迦勒·拜拉姆的跨文化交际能力模式

米迦勒认为跨文化能力和跨文化交际能力是有区别的。他认为知识、态度和技能构成的是跨文化能力，要形成跨文化交际能力，还需要具备一定的语言能力、社会语言能力和篇章能力。跨文化交际能力的培养和提高可以在课堂上实现，也可以在实践中实现，还可以通过自主学习获得。跨文化交际能力的培养对外语教学提出了更高的要求，即学生不仅需要掌握最基本的能够用于交际的语言知识、社会语言知识和篇章知识，还需要了解相关的文化知识，对外国文化持有良好的态度，同时还应该具备一定的交际技能。

米迦勒提出跨文化交际能力理论模型，包括态度、知识、技能和文化批判意识，一方面将基于交际法的语言教学模型中的交际能力培养概念融入其中，另一方面将政治教育和文化批评意识置于跨文化交际能力理论模型的核心位置。

态度是指如何对待他文化与我文化在信仰和行为方面的差异，正确的态度是成功实现跨文化交际的先决条件。由于地理、历史等方面因素的影响，学习者对对象语国家的文化可能会有或褒或贬的看法。此时要保持好奇和开放的心态，以平等的身份与对方接触，愿意体验对方国家的文化，愿意参与各种有关活动及进行文字和非文字的交流。这意味着，愿意用他文化去比较自身的价值观、信仰和行为，而且不在假定它是唯一和正确的，能够客观地从其他文化的

角度看待自身的价值观、信仰和行为。

知识是指对自己国家的文化和对象语国家的文化有所了解，还包括对个人和社会层面上的交流互动过程的认识。这种了解和认识可以具体表现在：了解和认识自己国家和对象语国家的交往历史以及交往的现状、不同文化之间造成误解的过程和原因、自己民族的历史文化以及对象语国家对此的看法、对自己国家的文化和对象语国家文化中社会交往的过程和机制等。

技能是个体利用已有知识框架对外来事物和文献进行理解并发现其内涵的能力。包括两个方面：一是解读和联系的技能，即解读对方文化的有关资料，将其与自己文化的相关资料联系起来看的能力；二是发现和交往的技能，即发现对方文化的新知识，并能将之用于实际交际、处理实际交际中互动上的一些问题的能力。技能的培养其实也是对文化敏感性的一种培养，对异文化的敏感性是培养跨文化交际能力的前提。

文化批判意识指在明确标准下鉴别、评价本民族文化，以及其他国家的文化惯例和文化产物的能力，也包括利用自己的知识、技能和态度在跨文化交际中进行有效的互动和磋商的能力。

米迦勒认为跨文化教育应该培养学习者强烈的文化批评意识，使其能够以开放、灵活、有效的方式进行跨文化交流，使其在跨文化交际中建构自我认同。最终的目标是使学习者能够根据来自自身文化和其他文化的外在显性标准、洞察力、实践和结果来客观评判文化问题。文化批评意识可以从教育中获得。这里指的教育既包括校内的教育，也包括校外的教育；校内的教育又分课堂教育和第二课堂的教育。要培养学生的跨文化意识和交际的能力，就要使学生能在一个模拟的多元文化环境中吸纳更多的知识。

### （三）贾玉新的跨文化交际能力模式

我国学者贾玉新在综合国外研究成果的基础上，重新组合提出了跨文化交际四种能力系统的模式。

1. 基本交际能力系统

基本交际能力是由交际个体为实现有效交际所应掌握的包括语言能力在内的、与社会或文化规范相关的交往能力组成的，包括语言和非言语能力、文化能力、相互交往能力和认知能力。

2. 情感和关系能力系统

情感能力主要指移情能力，即认同和理解别人的处境、感情和动机，简单来说就是可以设身处地、换位思考。贾玉新认为中国人在发展移情能力方面有些有利因素，中国文化中有"先人后己"的价值取向，在行为上有"善解人意"的表现。

关系能力指的是在交往中使用正确的交际策略的能力，如：交际双方应以产生共识为前提，采取有效策略满足彼此自主和亲密交往的需要，建立良好的关系，强化未来的进一步交往。

3. 情节能力系统

情节是某一特定文化环境中一整套的交流惯例，是可以辨认开始与结束的序列，可重复，可预测。

4. 策略能力系统

此处的策略能力系统不是泛指交际策略，而是指交际者因语言能力问题或语用能力问题没有达到交际目的，而采取的补救措施或策略。如当语言局限表达时可在双方共享的语言中选择转接词或用近似语来弥补因语言能力不足带来的词语或语篇空白；或者交谈双方共同努力利用彼此已有的语言知识、文化知识共同解决交流障碍。

## 第二节　跨文化交际能力的培养

### 一、大学生跨文化交际能力培养的重要性

随着经济全球化趋势的不断增强，各国之间的联系越来越紧密，交流越来越频繁。若不能对其他国家的文化有深入的了解，很容易在交流的过程中产生矛盾，从而不利于世界和平的维护。文化是各国之间进行交流和合作的中间纽带，因此各国文化之间的渗透和融合是一种大趋势、新潮流。为顺应时代的发展，避免在交流过程中因为对彼此的文化不了解而产生严重的误解，适时地进行跨文化交际能力的培养具有重大意义，同时也是高校大学生寻求自身获得更好发展的必然需要。

跨文化交际能力的培养作为英语文学课程教学的主要目标之一，也是推动全球化进程所不可或缺的。1959年美国文化人类学家爱德华·霍尔提出了"跨文化交际"这一概念，使之成为一个独立的研究学科。当来自一种文化背景的人传递出信息，并希望来自不同文化背景的人理解时，跨文化交际就产生了。

人们在进行跨文化交际时会判断和评价彼此的行为,这种判断和评价往往会基于我们自身的文化认知,我们甚至意识不到这种文化认知对我们所做判断的影响。绝大多数人并不是有意歧视或孤立他人,或是对他人做出错误的评价,但这种无意识行为的破坏性却极强。为解决上述问题,我们应做出以下努力。

### (一)消除文化"失语症"和"自闭症"

跨文化交际能力的培养首先应当加强母语文化教育,培养文化平等意识,从而消除英语教学中的"中国文化失语症"。现实中,许多英文水平较高的青年学者无法用英语表达母语文化。究其原因有二:其一,因为受试者对中国文化知之甚少,很多学生用汉语都解释不清很多中国文化的概念;其二,受试者不知如何用英语去表达自己的文化。这种普遍存在的母语文化失语症暴露了我国大学英语教学的一大缺陷,即注重目的语文化的导入而忽视母语文化意识的培养,过分强调英美文化学习而忽视中国文化的输入。如果我们培养的学生"开口必罗马",只能用西方语言言说西方,成为西方文化的传声筒,或是针对西方人对中国文化的误解和误读缺乏适当得体的表达方式,这种教育带来的后果不堪设想。

消除母语文化失语症首先应在高校英语教学中加强母语文化教育,不断渗透中国文化元素,培养学生强烈的民族自豪感和文化平等意识。中国文化元素介入英语专业文学课堂的可行性途径包括:一是增设中国文化类的英语辅助选修课程;二是在文学课程大纲中加入反映中国文化语境的优秀英语文学作品,如中国作家所著的英文名著、英语国家华裔作家作品,以及英美名家创作的反映中国社会的英语作品和对中国经典文学名著的翻译作品;三是在教学过程中注重实践培养,强化学习者目的语文化和母语文化的双向交流。例如,在英语戏剧的学习中,鼓励学生在中国语境中改编英语原剧,获得文化融合碰撞的真切体验。

在全球化的语境下,跨文化交际只有通过平等双向的交流,才能实现沟通的双赢和多赢。英语专业文学教学中阻碍跨文化意识建构的另一疾症为教学中普遍存在的"文化自闭症"。这种"自闭症"并非固守母语文化,排斥英语文化,而是指有意或无意地斩断英语文学与他国文学之间的交流与联系,人为地屏蔽异质文化的影响,强行将英语文学置于一个封闭的文化系统中进行单向度诠释。这种"自闭症"的存在在我国英美文学教师中较为普遍,在其内心深处潜藏着这样一种理论预设:英美文学与文化是一个自足与自为的存在,是一个独立的文化实体,与他类文化形态无关。因此,高校英语专业英美文学教学往往只涉及英美文学本体，而将"他者"文学与文化排斥在外。这里所指的"他者"文学与文化既包含被普遍忽视的英美以外的英语国家文学，同时也包括以中国文学为典型代表的非英语文学。这种"自闭"倾向很容易妨碍学习者建构关于英美文学与文化的全面、正确的认识谱系和图式，并使得英美文学教学与全球化语境中活跃的文化交流与对话的强劲潮流相背离，进而形成对异族文化的错觉与偏执。由于英美文学大量的阅读量无法得到落实，或是由于学生认为文学学习没有使用价值而缺乏学习热情，使得文学学习演化为文学文化现象的死记硬背，这客观上导致了跨文化交际中目的语文化"自闭症"现象的产生。这种现象的解决需要教师从教材选用到教学实施的过程，都应坚持"系统性"原则，结合授课时间选取适量文本，力求保留文学发展概貌的完整性，同时应留有学时适量加入文学文化比较研究的教学内容，使学生得以架起跨文化的桥梁。在多维度文化导入的教学过程中，应由浅入深，分层导入。在文本教学以外，教师应鼓励学生将本民族文化带进外国文学课堂，围绕真实问题进行讨论，让学生在多维互动的教学模式中完成文化知识的建构，培养跨文化交际能力中最为核心的"文化移情"能力。

  同时，消除文化"自闭症"还应着力培养学生接受文化差异的跨文化伦理思辨。黄万华教授在研究海外华人文学中提出了跨文化意识中的"异"视野和"异"形态的概念，对人们理解英语专业文学教学中对目的语文化所应持有的文化态度有很大启发。海外华人作家具有较为自觉的跨文化意识，这使得他们能从自身的文化视角理解自己的文化，然后较自觉地把这种认知当作理解其他种族文化的基础，从而在跨文化互动中能有效地揭示他人的行为，接纳他人的情感，理解差异中的互补性，甚至相通性。对他族文化的"异"感受可能会是消极的，如恐惧、迷醉或是鄙夷。只有在感知西方文化的"异"中避免将他族"异类化"，摆脱对西方文化的"异歧视"或者"异崇拜"，同时认同自我，维系自身的主体性，才能建构真正的文化平等意识，达到一种文化融合的境界。在英语文学教学中，通过指导学生阅读海外华人优秀文学作品，对培养"祛迷"的跨文化意识来说，不失为一种有效途径。海外华人文学既要表达维系自己民族文化之根的焦虑（其中也会包含对于被同化的警觉和抵制），又要传达出与"异"民族真正沟通的愿望，这要求作家在处理异族题材上要比在处理其他文化差别的课题上，有更敏锐的洞察力和更加开放的胸襟，从而由自己民族的文化传统出发，去接纳具有世界性的普遍性价值，这种进程正是多元化和跨文化协调的进程。

## （二）达到《普通高等学校本科专业类教学质量国家标准》的要求

2018年1月，教育部发布了《普通高等学校本科专业类教学质量国家标准》（以下简称"《国标》"），其中明确将跨文化交际能力作为外语类专业学生应具备的能力要求之一，专业核心课程应包括文化类课程，这充分说明了在高校英语教学中引入跨文化交际能力培养的重要性。《国标》中对于外语类专业人才给出了具体的培养方向。

1. 培养目标

外语类专业旨在培养具有良好的综合素质、扎实的外语基本功和专业知识与能力，掌握相关专业知识，适应我国对外交流、国家与地方经济社会发展、各类涉外行业、外语教育与学术研究需要的各外语语种专业人才和复合型外语人才。

各高校应根据自身办学实际和人才培养定位，参照上述要求，制定合理的培养目标。培养目标应保持相对稳定，但同时应根据社会、经济和文化的发展需要，适时进行调整和完善。

2. 培养要求

（1）素质要求

外语类专业学生应具有正确的世界观、人生观和价值观，良好的道德品质，中国情怀和国际视野，社会责任感，人文与科学素养，合作精神、创新精神以及学科基本素养。

（2）知识要求

外语类专业学生应掌握外国语言知识、外国文学知识、区域与国别知识，熟悉中国语言文化知识，了解相关专业知识以及人文社会科学与自然科学基础知识，形成跨学科知识结构，体现专业特色。

（3）能力要求

外语类专业学生应具备外语运用能力、文学赏析能力、跨文化交际能力、思辨能力，以及一定的研究能力、创新能力、信息技术应用能力、自主学习能力和实践能力。

其中，跨文化能力是指，尊重世界文化多样性，具有跨文化同理心和批判性文化意识；掌握基本的跨文化研究理论知识和分析方法，理解中外文化的基本特点和异同；能对不同文化现象、文本和制品进行阐释和评价；能有效和恰当地进行跨文化沟通；能帮助不同文化背景的人士进行有效的跨文化沟通。

所以，按照《国标》的要求，在高校英语教学的过程中，培养学生的跨文化交际能力可以满足时代的发展要求，迎合社会的发展需求，而且能够在一定程度上提高高校英语的教学质量。目前，在高校英语教学中，教师往往强调学生语法结构、词汇、词组的学习，英语听力的练习以及口语能力的提高，而错误地认为，跨文化交际能力的培养不仅对学生学习成绩的提高没有实质性作用，而且对于学生英语应用能力的提高也毫无帮助。实际上，跨文化交际能力的培养不仅有利于学生对英语词汇或者语法的理解和掌握，而且有助于学生对阅读理解题中文章的理解，从而提高应试成绩。另外，通过提高学生的跨文化交际能力，还有利于学生化解由于缺乏英语文化知识而造成的跨文化交流障碍或者误解。由此看来，跨文化交际能力的提高有利于学生英语应用能力的提高。

此外，2018年4月，经国家语委语言文字规范标准审定委员会审定通过，《中国英语能力等级量表》由教育部、国家语言文字工作委员会正式发布，作为国家语委语言文字规范自2018年6月1日正式实施。《中国英语能力等级量表》以语言运用为导向，将学习者的英语能力从低到高划分为"基础、提高和熟练"三个阶段，共设九个等级，对各等级的能力特征进行了全面、清晰、翔实的描述。能力总表包括语言能力总表以及听力理解能力、阅读理解能力、口头表达能力、书面表达能力、组构能力、语用能力、口译能力和笔译能力等各项能力总表。其中，语用能力量表会引导我国英语教学和测试加强对学生语言运用能力、文化意识和跨文化交际能力的培养。

可见，跨文化交际能力是新时代大学生必备的素质，也是英语专业学生不可或缺的必修课。

## 二、跨文化交际能力培养的几种主要模式

跨文化交际能力已经成为当今世界一种重要的不可缺少的能力，关于跨文化交际能力培养的理论研究和实践培训，很多学者从不同角度提出了各自的模式。这里，我们介绍三种主要的模式。

### （一）构成三分模式

构成三分模式根据心理学理论，将跨文化交际能力分为认知、情感、行为三个层面。认知层面包括目的文化知识和对自身价值观念的意识；情感层面包括对不确定性的容忍度、灵活性、共情能力、悬置判断能力；行为层面包括解决问题的能力、建立关系的能力、在跨文化情境中完成任务的能力。

这种模式为跨文化交际能力的定位提供了一个总体的心理学理论维度框架，令跨文化交际能力培养的研究有了更加明确的方向。

### （二）行为中心模式

行为中心模式以跨文化交际能力培养实践为中心，它的关注焦点是交际行为或外部结果，亦可称为"有效性"或"功效"。功效一般包括跨文化情境中的个人适应、人际互动、任务完成情况。其中任务完成情况最重要，良好的个人文化适应和人际互动，能帮助人们在跨文化情境中有效地完成工作任务。

这种培养模式在中外企业员工培训中被广泛应用。例如，中国某个企业需要派遣职员去美国当地一公司交涉合作事项，那么该企业则需对所要派遣的人员进行美国商业协商宴会等正式场合礼仪等的培训，使其具备相应的商业交涉能力，并能在与对方企业的交涉中表现出得当的言行举止，以保证商业合作的成功。

由于行为中心模式是以具体行为目标为基础的，它可以在短期内获得显著的成效，故而特别适合于那些需要派遣人员去其他文化环境工作的机构对出国人员进行短期培训。但是，在一般的教育情境中，学生所要学习的目的文化和行为目标都不明确，也就是说，其今后所要从事的工作及需要进行交流的对象都是不得而知的，因此难以进行有针对性的文化培训，同样地，也不能制定出有效的检测内容和方式。

### （三）知识中心模式

这类模式也是以培养实践能力为关注中心的，在学校情境中较受欢迎，目前在我国的外语教育中占主导地位。在教学实践中，这种模式强调文化知识的传授和测试。

知识中心模式集中于认知层面，它在课程设置、课堂教学和测试等各个教学环节中都易于操作，因此受到许多教师的欢迎。例如，在学校中可以专门设置如亚洲艺术欣赏、欧洲历史文化等课程，以纯粹的知识传授为目的，从而使学生对此类文化有所认知。

不过，虽然该模式较易实施，但单纯的知识灌输往往枯燥乏味，难以激发学生的学习兴趣，也不利于学生将其应用于实际的情境中。同时，文化具有极其明显的多元性，即使是单一国家的文化的某一方面，也是值得学者们终其一生去研究的，故而只是依靠课堂教学或书本学习等知识灌输，是不足以使学生真正掌握某一种文化的。比如，许多国家的餐桌礼仪都可以看作一门博大精深的学问，其中牵扯到的社会人文因素亦是不计其数，但若是作为一门课程来教授，由于课时的限制、内容覆盖广度、学生理解力的差异等因素的制约，授课内容只能略涉皮毛，难以深入。另外，文化亦是不断发展的，而过于依赖教材和课堂等单一教学方式的知识中心模式，就不免会落后于时代的脚步。

总之，跨文化交际能力的培养在当今的时代背景下已成为日益重要的课题，而现有的几种跨文化交际能力培养模式皆各有利弊，因此在真正的教学实践中，我们应注意选择合适的模式。同时，由于现有的模式无法满足时代的需要，我们也应该着力于开创新的、更完善的跨文化交际能力培养模式。

## 三、跨文化交际能力培养的具体方法

### （一）试错法

"试错法"是波普尔对"尝试与消除错误的方法"的简称，他认为科学的发展是通过不断地提出试探性猜测，不断地消除猜测中的错误而实现的。科学发展的过程是一种猜测和反驳持续运用的过程。

具体来说，试错法是通过不断试验和消除误差，探索具有黑箱性质的系统的方法。试错法是纯粹经验的学习方法。主体行为的成败是根据它趋近目标的程度或达到中间目标的过程评价的。趋近目标的信息反馈给主体，主体就会继续采取成功的行为方式；偏离目标的信息反馈给主体，主体就会避免采取失败的行为方式。通过这种不断的尝试和不断的评价，主体就能逐渐达到所要追求的目标。著名心理学家桑代克运用猫的实验为试错法提供支持：饥饿的猫被关在笼子里，在笼外食物的诱惑下，经过多次尝试并最终"学会""打开"笼门。

在试错过程中，选择一个可能的解法应用在待解问题上，经过验证后，如果失败，选择另一个可能的解法再接着尝试下去。整个过程在其中一个尝试解法产生正确结果时结束。

试错学习在国际汉语教学中的表现，可以根据桑代克的"试错学习"理论归纳出的三条学习定律：准备律、练习律、效果律。这种学习方式被普遍运用在教学过程中。我们可以结合这些学习定律，来进行国际汉语教学。

第一条是准备律，即学习者是否会对某种刺激做出反应，同他是否做好准备有关。这在汉语教学中需要师生双方的配合。首先，汉语教师在授课内容和方式上要做足准备，以达到引起学习者兴趣、满足其需求的目的。例如，选好课件，准备相关辅助工具，在教室里装饰有中国特色的物件等。其次，学习者需要提前预习学习内容，明白学习目标，做到心中有数。在双方充分的前期准备下，汉语教学才能更顺利地进行。

第二条是练习律，即经过不断练习和尝试，在错误中找到正确的答案。在汉语国际教学中，教师应鼓励学习者开口说话，多次重复。熟能生巧，多次练习有助于学习者发现发音规律。若其出现错误，除非是特别明显的重大错误，否则不要直接改正。要通过教师领读与学习者跟读让其自己发现错误，并能够自己找到正确的发音。这是多次练习与试错的重要环节，让学生自己摸索，改正错误，最终深刻记住正确发音。

第三条是效果律，即学习在反应对环境产生某效果时才会发生。若反应结果是令人愉快的，那么学习就会发生；若反应结果是令人烦恼的，那么这种行为反应就会削弱。当对外汉语教师与学习者对话时，积极对其答案表示肯定与奖励，可以是言语的鼓励或是实质的奖励，使其受到正面反应，激发学习者的积极性，提高课堂效率。即使遇到学生犯错，也应从正面进行引导，尽量达到积极效果。

总之，试错学习在汉语国际教学中是鼓励大家练习、犯错，并能渐悟，在错误中逐渐学习。

### （二）分析原因的训练法

在跨文化交际的范畴中，分析原因的训练的概念，起源于布雷斯林对跨文化训练方式的总结和归纳。他将跨文化训练方式总结为六类：以提供信息为主的训练、分析原因的训练、提高文化敏感的训练、改变认知行为的训练、体验型的训练和互动式的训练。

分析原因的训练通常的做法是，先叙述在对象国发生的一件反映文化冲突的事件（一般都是真实发生的事情，而非杜撰），然后提供几种不同的解释，由被训练者选出他认为合理的解释，然后与正确的答案做比较并展开讨论。这种跨文化训练方式，通俗地说是一种案例分析的训练方式，通过让被训练者了解异文化交际中产生的问题事例，发现案例中显现的文化要素与问题点，训练思考这种文化冲突问题的解决或回避方法。

在分析原因的训练方式中，由于是针对某一特定事件展开分析比较，所以事件的选择对于能否有助于受训者跨文化交际能力的提高显得尤其重要。在选取冲突事件时，应该做到以下几点。

1. 事件具有典型性

事件的选择必须具有典型性，被训练者在参与到典型的文化冲突事件的过程中，发掘具有代表性的蕴含在社会文化环境中的信息，此后可以直接运用于跨文化交流的情境中，从而产生良好的训练效果。

2. 事件具有比较性

训练者可以提供一些与在异文化中真实的生活方式趋势有关的,被这种文化背景的成员所遵循的信息和模式,但是更重要的是鼓励受训者用自己的文化背景进行相互之间的比较分析。有比较才能有鉴别,所选择的冲突事件必须具有两种文化的强烈对比,才能让被训练者发现本国文化与异文化之间的异同,从而加深对跨文化的理解。

3. 事件具有相关性

事件内容要与课文主题关联,针对跨文化交际能力的培养展开,以便于课堂教学形成系统的知识体系。例如,教师在教授中国传统文化背景时穿插电影《喜宴》《刮痧》的播放,让学生分析这种文化冲突事件。用这种与本课主题相关的事件进行归因训练,使受训的学生在分析探究的基础之上更深层次地理解两种文化之间的差异,在文化模拟的氛围中实现跨文化交际能力的提高。

选择合适的典型冲突事件,并对该事件的材料进行归因训练,从而使学生得到内化了的知识,避免学生因文化知识的灌输而导致刻板的印象。

## 四、跨文化交际能力培养的途径

跨文化交际能力的培养分为三个层面。第一个层面是在接触和了解他国语言和文化时,不断加强交际者的语言功夫,丰富其文化积累,克服交际过程中易出现的两大障碍,培养交际者的文化敏感性,以提出跨文化交际敏觉力。第二个层面强调对语言和文化的深层认知,增强对他国语言以及背后的隐性文化和价值观的理解,如西方文化价值观中的个性自由和独立竞争等,这些方面的理解和感悟有助于交际者在交际中策略的选择,针对对方文化的异质性以及个人特性,做到有的放矢。第三个层面是培养交际者灵活运用所学语言文化知识应对和处理跨文化交际中出现的各种交集情景以及突发事件等,这是跨文化交际能力培养的最高层面和最终目标。要达到这一目标,必须培养交际者学以致用的能力,培养他们根据过去对外国相关文化的认知,积极参与跨文化交际实践,锻炼他们处理文化冲突的灵活性。由此可见,从跨文化敏觉力的培养到对语言和文化的深层认知再到跨文化交际实践行为的训练,这三个层面既有一定的递进关系,又相互融会贯通,相辅相成。

### (一)培养跨文化敏觉力

关于交际者跨文化敏觉力的培养,首先要做的就是克服两大障碍。因为在跨文化交际的初期总是存在一些交际障碍。主要障碍之一是刻板印象。这些印象和看法可能是正面的，也可能是负面的。尽管大家都知道刻板印象不可取，但要做到完全避免却不容易。刻板印象忽视个体区别，一旦形成便不易改变。它僵化了交际者的头脑，使得交际者不能客观地对待另一种文化，失去交际应有的敏觉力。在观察他国文化时只注意与自己的刻板印象相符合的现象，而忽略其他更重要的差异信息。它妨碍交际者与不同文化背景的人相处，不利于顺利开展跨文化交际。因此，必须尽量克服由于刻板印象带来的负能量。对教师来说，在文化课上应尽量避免用带有刻板印象的话语，并提醒学生注意普遍文化概念下的个性差别。因为在跨文化交际中交际者首先面对的是交际个体，然后才是其背后的民族文化。不能因为对整个民族的刻板印象而影响了交际者对具体交际对象的判断和决策。跨文化交际中的障碍之二是民族中心主义，即习惯以自己民族的价值观衡量其他文化，从自己的文化角度出发，以自己的评判标准评价对方交际者。一旦发现与自己的预期不同，就会对对方产生敌对情绪而引起文化冲突。有学者认为，所谓民族中心主义就是按照本族文化的观念和标准去理解和衡量他族文化中的一切，包括人们的行为举止、交际方式、社会习俗、管理模式以及价值观念等。

社会中的每个人都无法避开民族中心主义，尽管我们努力克服隐藏在内心深处的民族中心主义，但是，我们都成长在一定的文化环境中，文化早已融进我们的心灵，指导着我们的行动，造成人们在观察别种文化时会不自觉地以自己的是非标准为依据，对于异质文化事物常会做出有失客观的判断。胡文仲认为，各个国家的地图都是把本国放在中心。美国人看中国出版的世界地图感到生疏，因为他们习惯看到的是把美国放在中心的地图。我们看美国的世界地图也觉得奇怪，因为突然发现中国在地图的一侧。这都是把自己国家作为中心的最好证明。在历史课上，往往也是这种情形。谈到对世界文明的贡献，一般总是突出自己国家的成就，而对于其他国家的成就估计不足。这些正是民族中心主义在作祟，要完全摆脱我们在社会化过程中获得的观念和看法是一个长期而艰巨的任务，也是培养跨文化交际敏觉力的重要方向。

文化对比教学法是课堂上克服刻板印象和民族中心主义的主要手段，通过对比了解自己和他者各自的特性。文化对比教学法的实施要求交际者摆脱自身文化的约束，避免简单化的定式思维，将自己置于他文化模式中，在理性、平等的立场中感受、领悟和理解另一种文化。当然，对比教学法首先要求教师理解他国文化并选取典型文本解释其中的文化元素，帮助学生更充分地理解文本的语言信息和渗透其中的非语言信息，并与自己本土文化中的相应文化元素进行对照讲解，引导学生在解读过程中有意识地去寻找文化差异。比如教师讲解关于狗的文本资料时，由于狗在中西方文化中所代表的意义相差很大，如果不明白这一文化密码，交际中很容易产生误会。教师可以举例子：一个英国人对自己才接触不久的中国朋友说"You are a lucky dog."。中国朋友很可能会认为这位英国人在侮辱他。因为"狗"在汉语里是一种卑微的动物，狗的贬义形象在中国人心中已生根，人们常常用狗来形容不好的事物，如"狼心狗肺"等。但是在英国，狗却有很高的地位，英国人认为狗是忠实的朋友。英国人常常用狗来比喻人。如 Every dog has his day.（凡人皆有得意日），You are a lucky dog.（你是一个幸运狗）等。这样的教学既形象又生动，还能增强学生的跨文化敏觉力。

交际参与度是跨文化敏感度的最佳指示变量，意味着要想通过跨文化敏感度来提高跨文化交际能力，最有效的手段是加强交际参与度，从而对跨文化交际能力产生影响。因此，除了课堂上的对比教学法以外，教师还要鼓励学生积极参与具体的跨文化交际训练和实践，并努力为他们创造跨文化交际的机会，这是培养他们克服刻板印象和民族中心主义的最好途径。因为在具体的训练和实践中，他们能真切地感受到文化的多样性和同一文化不同个体的差异，逐渐形成多元文化观和开明的交际态度，从而尽量主动克服因刻板印象和民族中心主义而导致的交际障碍，形成良好的跨文化敏觉力。比如可以设计多个与中国人的思想和性格迥异的文化模式，由不同的人扮演，让他们分别与中国人交往。从这个活动中，受训者会体会到自身文化的某些特点和他国文化的一些特性，从而提高自己的文化敏觉力。在条件允许的情况下，带领学生或鼓励他们多参加各种小型国际会议、国际论坛以及跨文化聚会是一种更为直接的训练和培养他们跨文化敏觉力的高效方式。一位西班牙的女学生，来中国留学以前是空姐，来中国几个月后她说她好几个朋友也准备来中国学习了。在她没来中国学习以前，她和她的朋友们都以为中国还没有通电，没有电话、电视机，甚至住的还是古旧的土房子，更别说电脑这样的高科技了，所以他们觉得来了会非常不方便。这些都是由于刻板印象而造成的，阻碍了他们来中国学习和交流的机会，但是由于那位西班牙空姐学生亲身体验了中国的现代化以及中国文化带来的乐趣，所以扭转了她和朋友们对中国的刻板印象。

综上所述，无论是为了克服刻板印象和民族中心主义带来的两大交际障碍，还是旨在培养交际者对语言背后文化的解读和参悟，形成较强的跨文化交际敏觉力，都需要教师在课堂上有意识地进行文化对比教学和其他形式的文化拓展讲解，更需要尽量给学生创造跨文化交际训练和实践的机会，这样才能让他们树立良好的自信心，能够在具体的交际情境中调适自我，从容地应对交际中出现的各种复杂状况，最后顺利实现交际目标。

### （二）培养跨文化认知能力

跨文化认知是指交际者对他国具有独特风格和内涵的文化要素及文化特质等方面的认识和了解，其本质就是学习与把握异国文化。文化认知过程随年龄的增长会不断变化。培养跨文化认知能力不但包括培养交际者的跨语言交际能力，还包括培养交际者的跨文化交际能力。语言交际与文化交际是不可分割的，语言交际是文化交际的一部分，它为文化交际服务并反映着文化交际。跨语言功夫和跨文化功夫也是相辅相成的。跨语言功夫除了包括对目的国语言的巧妙选择和熟练运用外，更重要的是对语言背后文化的解读和参悟，也就是在语言教学中渗透文化分析，培养学生逐渐深谙他国语言背后与自身语言不同的文化密码，以利于交际语言的选择和交际的顺畅。培养跨文化认知能力首先要加强交际者的语言功夫，在教学中要使语言教学与文化教学齐头并进，在输入语言基础知识的同时，也不忘相关文化知识的输入，从而加强学生对文化差异的熟识、理解和评判，以提高学生对文化差异的敏感性和跨文化意识。语言功夫主要体现在用词、句子陈述与主题选择的适当性上。

在跨文化交际语言能力的培养上，首先应该重视的是词汇层面。词汇是语言的基石，也是很多学生学习语言的难点。每种语言的词汇中都蕴含着丰富的文化信息，是该语言中最活跃的成分，也是文化最精密的汇聚点。词汇本身的新陈代谢映射了相关文化的发展信息。因此，教师在单词讲授的过程中，穿插一些跨文化交际知识，既利于培养学生的跨文化交际意识，又让枯燥的词汇学习变得生动有趣。讲解词汇时利用相关的谚语、典故、名句等融入课堂就不失为一种有效的方法。比如在高级班汉语课上讨论"朋友"这一主题时，可以引入"有难同当，有福同享""患难之中见真情"以及"在家靠父母，出门靠朋友"等中国著名的谚语和名句，也可以顺势讲解《三国演义》中桃园三结义的故事。

这些谚语、名句和历史典故反映了中国的"义"文化，既能够增加学生对汉语的兴趣，又可以延伸词汇后面的文化知识，同时也能够促进留学生反观自己文化中"朋友"的含义及其与汉语的差异，这样的词汇教学自然会提高学生的跨文化意识。

除了词汇教学以外，句子陈述的跨文化培养也很值得重视，老师在课堂上讲解句子的时候，不但要讲解此种句子的语体风格适合在什么场合下使用，还要分析这种句子适合用在什么身份的交际对象上。句子的语气也是举足轻重的，比如请求语气的句子适合于与长辈说话或者请别人帮忙时，而命令语气的句子则用在命令下属或者孩子，如果没有掌握两种句子的区别而把语气用反了，在跨文化交际中很容易引起不必要的文化冲突。

另外，句子通顺与否、语法是否正确等也是教学中需要注意和训练学生的部分。学习者可以在语法学习中领悟他国文化。在语法学习过程中，要注意比较外语语法与汉语语法的异同点，不要受汉语思维特点的制约，同时，在学习语法结构时，要强调其文化和交际功能。最后，谈话中主题选择的适当性同样不容忽视，这也是对语言应用能力的一个综合性考验。在拥有了词汇层面和句子陈述等方面的跨文化交际基本能力后，交际中的谈话主题是否得当，是否符合交际双方共同的交际需求，是否能引起交际双方的共鸣，是否需要继续深入谈下去还是转换为更有价值的主题，这些都需要学习。教师应在教学中通过具体的教学情景的设置、相关教学视频的播放，适时训练、引导和鼓励学生在跨文化对话中对谈话主题进行恰当选择和适时转换。

培养跨文化认知能力除了要培养交际者的跨语言认知能力外，还要培养其跨文化认知能力，即跨文化意识。培养跨文化意识的第一步就是要让交际者从观念上消除偏见和歧视，认识到文化没有优劣之分，以平等的心态对待各个民族的文化和人。培养跨文化意识的第二步就是拓展交际者的跨文化知识和眼界，令其树立多元文化心态和宽容的文化态度。

培养跨文化意识可以通过以下途径来实现。

①在语言学习的听说读写各种技能训练中培养跨文化意识。首先学习者可以通过阅读外文资料感悟外国文化，在阅读中，多了解他国的科技、地理、历史和风俗等，熟悉他们的表达方式和风格，消除因文化知识不足而导致的理解障碍。其次，在外语听力中领悟他国文化。听力材料一般都是模拟的真实对话情景，因而听力训练过程就是一个跨文化意识培养的过程。要让学生知道交际中哪些话题应该避免，比如年龄、婚姻、薪水以及家庭住址等私人话题不应该作为话题。再次，在听的基础上要积极发言，主动参与到跨文化交际活动中，以提高自己在跨文化交际中的表达能力。最后，通过写作提升外国文化知识的内化和运用。在写作中，要充分意识到中外文化的差异，让人看到流畅、地道、连贯的外语文章，从根本上提升跨文化交际的综合能力。

②在外语活动中体验外国文化，主动结交各国朋友。例如，组织外语角、学唱外文歌、看影视材料以及编演外语剧等。在这些活动中，学生身临其境地体验真实的外国文化，了解他们的风俗文化和民族禁忌。同时，教师应帮助学生分析自己文化中哪些方面对自己有利，哪些不利，然后再分析目的语文化，

分析其中哪些方面我族容易适应，哪些不易适应却易引起文化冲突，从而有意识地改变自己的行为模式，以利于跨文化交际目标的实现。

③在各种旅行活动中，主动积极地营造跨文化交际的机会。总之，我们对文化差异了解越多，体验越多，越容易对他国文化采取接受和宽容的态度；同时，移情也有利于培养对文化差异的宽容性，我们一旦能从对方的角度考虑问题，就已经具有很强的跨文化意识了。

### （三）培养跨文化行为能力

其实，无论是对跨文化敏觉力的培养，还是对跨文化认知能力的培养，最终都是为了使交际者在跨文化交际中能够进行灵活交际，也即跨文化行为的灵活性，这三者不是彼此截然分开的，而是互相依存的关系。跨文化敏觉力的培养包含跨文化认知能力和跨文化行为能力，而跨文化认知能力的培养中也融入了跨文化行为能力，而跨文化行为能力的培养势必以跨文化敏觉力和跨文化认知能力的培养为基础，并且是对这两种能力的一种巩固和融合。

跨文化行为能力即跨文化行为的灵活性，是跨文化交际能力的核心要素。它首先包括交际者能够根据交际双方的文化背景和个性特点，灵活地调整自己的交际策略和行为，尽量向对方的交际规则靠近（以不违反自己的交际原则为前提），减少差距，营造和谐交际氛围，同时，灵活处理因文化差异而引起的文化冲突。在处理冲突时，交际者要善于运用恰当的语言阐明自己的文化困惑，介绍本族文化行为规范，弄清对方的文化习俗，找出冲突的解决途径，达成共识，完成交际任务。根据美国学者陈国明在《跨文化交际学》中所述，跨文化行为能力包括信息传达技巧、自我表露技巧、行为的灵活性、互动管理以及认同维护技巧等五个方面。当学生学习了跨文化行为能力的五个要素之后，教师分阶段、有层次地组织跨文化实践是培养学生跨文化交际行为能力最有效的途径。

1. 跨文化交际角色扮演

首先，角色扮演是教师在条件有限的情况下采取的一种跨文化虚拟实践，角色扮演可以分成两人组角色扮演及多人组角色扮演。两人组角色扮演要求两人分别扮演不同文化国的两个具有一定职业身份（或者学生身份）的交际者，模拟一个实际生活或工作场景，基本设定交际流程主线，留出适度自由发挥的空间，完成一定的交际任务。多人组角色扮演除了在交际者人数上有所增加外，还可以分为两个文化国或多个文化国之间的跨文化交际。多个文化国交际背景相对复杂些，因此多人组角色扮演应该在两人组角色扮演训练到一定程度的时候开展，学生能阶段性地增强跨文化行为能力。角色扮演的目的，在于让学生经由模拟的过程，面对并尝试解决跨文化交际中可能碰上的问题和障碍，通过信息传递、自我表露、互动管理以及移情等行为的训练，提高跨文化交际行为的技巧，增强跨文化行为能力。这个方法的优点在于把学生从旁观者变成参与者，使他们能够在模拟的跨文化环境里，亲身体验另一种或多种跨文化交际。

2. 跨文化交际互动实践

组织本校留学生和被训中国学生进行实际的跨文化交流，布置一定的交际任务，根据交际任务需求提供交际场所，并提醒中国学生注意跨文化交际能力五个方面的技巧，通过见面、认识、交流过程，老师观察学生在交际中的困惑问题、冲突以及解决问题时学生表现出的焦虑或灵活的行为。同时可以在学生不知晓的情况下把他们的交际行为摄录下来，在课堂上回放，有些交际失误学生会在观看中意识到，有些需要老师点出后给学生讲解，这样一个学期组织几次交际实习，每次针对不同的重点交际问题进行现场交际，学生的实际交际行为能力自然会得到提升，交际行为更加灵活，交际效能更高。在互动过程中尽量使用描述性、支持性的讯息。描述性的讯息指使用不妄加判断的态度，给对方明确、具体的回馈；支持性的讯息指沟通时同意或支持对方的看法，并以点头、注视等动作技巧奖赏对方论点的能力。互动实践的优点是来自异国的交际者比本国角色扮演者能够带来更真实完整的异国文化讯息和行为形态。

中国与世界的跨文化交际日益频繁，除了和本校留学生进行一定的跨文化交际实践外，教师和学校还应该多鼓励学生积极参加国际会议或跨国活动，尽可能提供给学生相关方面的信息和机会，以增加学生跨文化交际实践的机会，让学生在实践中去体验和认识文化差异，进一步有效提高自身处理文化差异的灵活性。这些建议的实施必然能促成学生的跨文化交际能力和综合文化素质的实质性提升。

跨文化交际能力的形成有其阶段性、层次性，因此跨文化交际能力的培养也不是一蹴而就的，而是由表及里，由浅入深，不断发展、深化的过程。教师要针对不同层次设计不同的教学方法和侧重点。

## 五、跨文化交际能力测试与评估

### （一）现代语言测试的历史发展

测试是检查受试者学习效果、衡量受试者能力和教师教学的一种手段，是任何能力培养体系都不可或缺的组成部分。在跨文化交际能力培养体系的构建中，测试是难度比较大的研究部分，因为人的能力和素质是很难量化和测量的。

跨文化交际能力的测试源于语言能力的测试，现在语言测试的历史经历了四个阶段。

1. 传统时期

20世纪初到20世纪50年代初是语言测试的前科学时期。这一时期的语言测试基本上不是在语言学理论的指导下开展的，测试主要通过作文、口试、翻译等形式进行，测试结果主要靠考试实施者的直觉来评判，缺乏科学性。

2. 心理测量结构主义时期

20世纪50年代末、20世纪60年代初到20世纪70年代是语言测试的科学时期。这一时期的语言测试以结构主义语言学为理论基础，同时，心理学的行为主义理论以及心理测量学的原则和方法对语言测试起到了重要的指导作用。1961年，现代语言测试的创始人罗伯特·拉多出版了著名的《语言测试——外语测试的开发与使用》一书，该书第一次全面论述了语言测试的原理、原则和方法。这一时期的主要测试方法是分立式测试，即分别测试语言知识的各个成分或某一单项技能的测试形式。

3. 心理语言学和社会语言学时期

20世纪70年代至20世纪80年代初是语言测试的后现代时期。在这一时期，语言测试的语言学理论基础从结构主义语言学转向了社会语言学，测验更多地关注如何从功能性、社会性和语言应用的角度考查应试者，测试方法从分立式转向了综合式，即同时测试不止一项知识或技能的测试形式。

4. 交际法语言测试时期

20世纪80年代初至今是交际法语言测试时期。20世纪70年代末到20世纪80年代美国语言教学界开展了一场"水平运动"。很多语言教学界人士认为，语言教学以及语言测验要以语言水平为中心，而语言水平表现为交际能力。这一时期，人们更多地把精力集中在探讨语言交际能力方面，1990年，美国学者巴克曼提出语言交际能力模型，成为语言测试发展史上一个新的转折点，这一模型将组织能力和语用能力并重，作为语言能力的两个组成部分。他还提出了语言交际能力模型，将知识结构和策略能力也看成语言交际能力的重要组成部分，将传统的纯语言能力拓展到了交际能力的范畴，也直接推动了跨文化交际能力的研究。

从发展趋势来看，交际法语言测试是一个重要的方向，为跨文化交际能力测试提供了发展的基础。

## （二）国外跨文化交际能力测评模式引介

在国外，有关跨文化交际能力的测评研究是一个热点，成果丰富，相关的量表和测试也较多，这里我们介绍几种较有影响力的观点和看法。

1. 鲁本的人际交往的七纬度参数

在1979年，鲁本进行了人与人之间交际行为能力与跨文化适应性的研究以预测派往海外的技术人员及他们的配偶是否会适应海外生活。他研究了七个人际交往的纬度：移情、表达敬意、角色行为灵活性、知识取向、交际姿态、交际管理和对交际模糊的宽容度。他为每个纬度都设计了一些评价的指标。随后，他对一组将要被派往肯尼亚工作两年的技术人员及他们的配偶进行了为期一个月的培训，然后给他们进行了行为测试。一年以后，在实地工作中对他们进行了心理调节、工作效率及交际效率方面的评价，并和派出前所做的评价进行比较以验证这七个纬度的评价指标的准确性。鲁本是较早运用测试的方法来评价和预测跨文化交际能力的学者。此后，许多学者都在此领域进行了相关研究，许多测试与量表陆续被研制开发出来。

2. 基于实际行为测量的BASIC（Behavioral Assessment Scale for Intercultural Competence）量表

科斯特和佛贝尔研发了BASIC量表。他们认为，对于一个交际者来说是否具备良好的交际能力的判断应该基于他的实际行为，而不是他可能表现出的行为或内心的态度。因此，他们将研究的重点从个性与态度转向了行为与技能方面。BASIC量表包括九个方面的项目：表达敬意、交际姿势、知识指向、移情、与任务有关的角色扮演、关系角色、个体角色、交际掌控和模糊宽容度。研究者分别进行了三次实验，结果表明：表达敬意和移情与总表之间的相关最高，达到0.5左右；而个体角色与总表的相关最低，只有0.1。在改进版的BASIC量表中，科斯特和佛贝尔选取了八个项目，去除了个体角色。量表研究表明，BASIC量表总体是可靠的，与其他量表间具有较高的相关性。

3. 跨文化交际有效性测试量表（MPQ，Multicultural Personality Questionnaire）

MPQ是测量跨文化交际有效性的一种量表，常被作为选拔留学人员或驻外人员的工具。其总共分为文化移情、开放度、情绪稳定性、灵活性和社交主动性五个分量表。MPQ更多是为了预测被试在多元文化环境中获得交际成功的可能性，而不是单纯的性格测试。Jan Pieter Van Oudenhoven在2002年对改进版MPQ进行了信度和效度研究。研究表明，MPQ在五个维度上都表现出了较好的信度，能较好地预测被试在多元未知文化环境中的适应能力和调整能力。梁（Leong）的研究也验证了这一点。同时，他的研究也表明，与本国学生相比，MPQ 对外国学生的预测准确性更高。

4. 跨文化敏感度发展模式（DMIS，Developmental Model of Intercultural Sensitivity）研究

班尼特提出了跨文化敏感度发展模式——DMIS，提供了理解人们经历文化差异的过程，对其规律性路径的了解，可以帮助人们在遭遇文化差异时避免惊慌失措，冷静对待不同阶段的心理感知，采取措施积极应对。他还提出了跨文化敏感度发展模式共有六大发展阶段，每个阶段的特征如下所述。

（1）否认差异阶段

处于这一阶段的人通常对文化差异缺乏深刻感知，对文化差异只是带有容忍性质的表层、浅层描述，无法深入解释；认为其他文化是可以通过心理拒绝和物理隔离的方式来回避的，而这种隔绝和回避，又进一步使人丧失关注和解释文化差异的机会和动力。他们头脑中仅有的一些文化差异意识只能推导出无区分意义的宽泛分类。

（2）抵制差异阶段

处于这一阶段的人已经意识到文化差异，但这种认识伴有对不同于本族文化的差异的负面评价，差异越大，评价越负面。他们会简单地坚持"二元观"。

（3）缩小差异阶段

人们已经意识到并开始接受一些表面化的文化差异，如饮食习惯等，但仍然坚持认为人从根本上是相似的，价值观是趋同的。

（4）认同差异阶段

处于这一阶段的人认识到人们在行为和价值观上的文化差异，并抱有欣赏的态度；可以意识到差异所涉及的方面，并能根据语境场景解释差异现象。

（5）文化调试阶段

这一阶段人们养成的交际技能已经确保能够进行跨文化交际，能够移情，学会换位思考，学会妥协。世界观已趋多元化，无须有意识的努力，便可在不同文化中采取恰当的行为。

（6）文化融合阶段

此阶段人们具有多元文化意识，已很容易解决文化背景问题，能有效协调不同文化和世界观下的行为举止。

5. 普遍文化能力测试工具（CCAI，Cross Cultural Adaptability Inventory）

CCAI 是一个包括 36 道题目的普遍文化能力的评价工具，主要对跨文化交际能力相关的四个素质进行评价：情感适应能力、灵活性和开放性、感知的敏锐度和个人自主性跨文化调试模式。

国内在跨文化交际能力测试或量表的研制和开发上，胡文仲（1994）、施家炜（2000）、刘宝权（2004）、杨洋（2009）、樊葳葳等（2013）、高永晨（2014）等有过积极的探索，但总体而言还处于初级阶段。

### （三）跨文化交际能力测试与评价的内容

跨文化交际能力考查的是被试者的跨文化交际能力，即与来自其他文化背景的交际者进行得体、有效交流的能力。要实现这种得体、有效的交际需要具备一定的跨文化交际意识、知识和技能。

1. 知识

一个优秀的跨文化交际者不仅需要了解有关交际对象、交际规则、交际情境的信息，还需要了解其他文化成员对交际的预期。如果缺乏相应的知识，交际者就会犯错误。他可能违反交际规则，甚至可能会失礼。而且，即便是出现这样的情况，他也不会意识到，更不可能及时地更正自己的错误。因此，一定的交际知识对于跨文化交际是必要的。跨文化交际的突出特点是文化不同，交际者的语言、思维方式、社会生活背景乃至价值观念等各方面都存在差异。因此，要顺利实现跨文化交际，需深入了解双方国家的政治经济、历史地理、社会制度、文化宗教等基本常识及其异同点，掌握与不同文化的人之间进行有效交流的方法。

跨文化交际能力测试的知识方面可分为两个部分，文化常识和交际常识。文化常识是指与自己国家或交流者所在国家或文化相关的知识。可分为各国国情、历史、地理、艺术、制度、哲学、宗教、科学、民俗等。交际常识是指在交际中涉及的知识。可分为语言交际常识和非言语交际常识两类。其中，语言交际常识指"隐含在语言系统中的反映一个民族的心理状态、价值观念、生活方式、思维方式、道德标准、是非标准、风俗习惯、审美情趣等的一种特殊文化因素"。非言语交际常识包括有关交际距离、交际礼仪、交际禁忌等方面的知识。

2. 意识

我们对其他文化的理解与接受很大程度上取决于我们对这一文化的态度和

进行文化交际的动机。我们是否对其他文化有兴趣，是否对其他文化持有一种开放的态度，即是否能够理解并接受其他文化中的行为、信仰并从其他文化的角度来分析看待问题。每一种文化在其他文化中都有一定的定型模式，这种模式有时候可能是一种消极的偏见，有时候也可能是积极的"偏见"。但无论是积极的还是消极的，都不是对这一文化客观的认识，因此，对其他文化的态度也是跨文化交际能力的重要部分，交际动机也会对交际成败产生重要影响。交际焦虑、对待其他文化的态度、民族中心主义、偏见等都可能成为影响跨文化意识的因素。如果对交际的恐惧、厌恶与焦虑占据了主导地位，即便交际者具备交际的知识，也会不自觉地躲避交际；相反，如果交际者对交际充满信心与兴趣，即便交际知识上稍有欠缺，也会积极地参与交际，从而在实践中获得提高。所以，要提高跨文化交际能力，就需要引导交际者对跨文化交际抱有积极的态度与适当的动机，从而提高其跨文化交际意识。

3. 技能

技能方面主要考查知识的运用。技能是指在特定交际情境下得体有效的行为表现，是可重复的。偶尔表现出的得体有效的行为不能被称为技能，只有交际者在类似交际情境中能重复表现出得体有效的行为才能说明他具备了某种技能。对跨文化交际有帮助的技能包括行为的灵活性、交际的参与性、交际不确定性的消除、得体地表达敬意等。文化知识可以通过教育和培训等方式有意识地获取，但技能是指在了解了一些文化知识之后，在交际活动中自觉或不自觉地运用这些知识来使得交际活动能够顺利地进行并达到预期的目的。一个具备跨文化交际技能的交际者不仅了解不同文化间的差异，而且能够根据交流者对其他文化的掌握情况制定交流策略。

# 第六章  英汉文化差异下的英语教学改革

在现代社会中,英语已经成为现代人才素质的重要体现,而英语作为一门语言技能,与汉语在文化背景方面存在较为明显的差距,这也导致学生们在进行学习的过程中存在较多的问题,对英语的运用、理解不够准确全面。本章分为英汉文化差异下英语教学改革的措施、英汉文化差异下英语教学的发展趋势两部分。主要内容包括:转变教学观念、改革教学手段、改革教学内容和教学方法、改革课堂教学用语、改革考试形式等。

## 第一节  英汉文化差异下英语教学改革的措施

### 一、转变教学观念

师者,所以传道授业解惑也。教师在英语教学改革中的地位不容小觑。教师要突破传统的教学观念和教学模式的束缚,遵循教育规律,树立体现素质教育精神的现代教育观。教师要以学生的发展作为教学的出发点和归宿,教学观念上的转变要从两个方面抓起:一是教学目标的转变,变为以听、说为主;二是教学主体的转变,从以教师为主转变为以学生为主。

#### (一)转变教学目标

早期英语教学目标主要是培养学生阅读能力及听、写、说的能力,使学生能以英语为工具获取专业所需的信息,并为进一步提高英语水平打下较好的基础。新的教学目标要从原来的以阅读理解为主转变为以听、说为主,从而全面提高学生的语言综合应用能力。

重视听、说能力的培养,并不是说可以忽视学生的读、写能力的培养。听、说能力的提高在很大程度上与读、写能力相关。在语言学习的过程中,需要大量的信息输入并通过内部语言系统进行加工，进而转化成一定程度的外部语言，而阅读是信息输入的重要途径。毫无疑问，听、说、读、写、译五项技能是一个相辅相成的有机整体。在以往的英语教学中，忽视了听、说能力的培养，现在要纠正这一错误倾向，但是也不能走向另一个极端。只有各种技能均衡发展，才能促进学生英语水平的真正提高。

### （二）转变教学主体

教学主体的转变是指以教师为主的课堂教学转变为以学生为主的课堂教学。在传统的课堂教学中，教师是课堂教学的主体，学生只是被动接受，无须太多的思考、分析、归纳和判断。这种以教师为中心的被动学习，一方面挫伤了学生的积极性，另一方面导致学生对知识的掌握不牢固。长期发展下去，学生逐渐对教师产生依赖，学生学到的是"哑巴英语"，根本谈不上应用能力的提高。

现代教学思想要从以教师为主体转变为以教师为主导，把学生当成主体。教师更多的是要教会学生主动获取知识的能力。学生应该成为教学活动的基本出发点和主体，居于教学活动的中心地位；而教师则主要起组织、引导或指导作用。

## 二、改革教学手段

教学手段是实现教学目标的有效途径之一，它服务于教学理论、教学策略和教学方法。随着教学改革的不断深入和高新科技的发展，教学手段更新的速度也明显加快了。

### （一）初级阶段

二十世纪三四十年代，一些电化教具，如收音机、电影与电视、投影仪、录音机及磁带、录像机及录像带等逐渐应用于外语课堂教学，对外语教学的发展起了推动作用。

二十世纪五六十年代，听说法诞生前，外语课堂教学的教学手段以使用黑板与粉笔为主，辅之以实物、图画、卡片等简单教具。

黑板在课堂教学中一直扮演着重要的角色。无论什么课程的课堂教学，都离不开板书。它具有现代教学媒体不能替代的优势和特点。合理使用黑板、科学设计板书能给学生提供充分的思考时间和空间，更好地生成和传递知识，使师生的互动和交流更加顺畅和自然。

根据教学内容的需要，日常生活中的很多东西，如小型实物、图片、图示材料、模型等，都可以作为教具在课堂中使用。尤其是中小学生的思维正处在由具体形象思维向抽象思维过渡的时期，教师可以就地取材（实物、模型等），选择有助于教学的教具，对学生的理解和记忆有很大的帮助。

### （二）语言实验室

语言实验室是由录像机、录音机等现代化视听电教设备组成的通信系统，是主要用于语言训练的一种电化教室。20世纪70年代中期，语言实验室在外语教学中的推广应用把中国的外语电化教学推向新的阶段。

语言实验室用于外语教学有很多的优势，不仅能提供良好的语言环境，方便教师因材施教，还有利于学生进行自主学习。语言实验室能为外语多学科、多种形式的教学提供现代教学手段。教师在日常教学实践中要充分发挥语言实验室"视听并用、音像并茂"这一现代化英语教学形式的作用，使学生在实践中增强英语听说能力，灵活掌握实用英语，提高教学质量，使学生成为社会需要的合格人才。

### （三）基于多媒体的教学手段

多媒体是指由两种以上媒体组合使用的信息处理系统，集文字、声音、图像、动画于一体。在教学实践中，教师要充分利用多媒体教学手段，将教学过程变得更加丰富、生动和形象。具体来说，多媒体具有以下几个特点。

1. 集成性

集成性不仅指多媒体系统的设备集成，而且也包括多媒体的信息集成和表现集成。多媒体技术能将不同的媒体信息有机地进行同步组合，使之成为一个完整的多媒体信息系统，也能把不同的输入媒体和输出媒体集成在一起，形成多媒体演播系统。多媒体技术中的单项技术在多媒体出现以前就可以单一使用，但很难有所作为，原因在于它们都是零散的、不完整的。当多媒体将设备、信息和表现集成起来以后，"1+1>2"的系统效应显得十分明显。

2. 交互性

交互性是指人和计算机能进行对话，以便实现人工干预控制，这是多媒体技术的关键特征。随着图形技术的飞速发展，图形界面成为人机交互的主要方式，鼠标、键盘、触摸屏使人机接口更趋自然，各种媒体在屏幕上展示的方式更易于控制。

3. 实时性

由于多媒体技术是多种媒体集成的技术,其中声音及活动的视频图像是和时间密切相关的,这就决定了多媒体技术必须支持实时处理,如播放时,声音和图像都不能出现停顿现象。

4. 数字化

早期的媒体技术在处理音像信息时,采用模拟方式进行媒体信息的存储和演播。但由于模拟信号的衰减和噪声干扰较大,且传播中存在逐步积累的误差,因此,模拟信号的质量较差。而以计算机为中心的多媒体技术以全数字化方式加工和处理多媒体信息,精确度高,播放效果好。

多媒体技术是基于计算机技术的综合技术,它包括数字信号处理技术、音频和视频技术、计算机硬件和软件技术、人工智能和模式识别技术、通信和图像技术等。它是正处于发展过程中的一门跨学科的综合性高新技术。

## (四)基于网络的教学手段

随着互联网的迅猛发展和普及,在现代教育技术中,计算机网络技术已成为实施网络教学的一个重要手段。网络教学有以下几个特点。

1. 易操作性

网络技术在外语教学中的优势首先表现在它的易操作性。举例来说,在传统的外语视听教学环境中,重复训练是一个复杂的过程。而利用网络实施外语教学,就可以圆满地解决这一问题,学生只要轻轻地点击鼠标就可方便而准确地定位到想听或想看的任何一段教学录音或录像资料。这使得学生进行训练操作的复杂度大大降低,学习效率也会得到显著提高。由此看出,教师和学生在日常的学习过程中如果能充分运用网络技术,会使学习和训练变得更加高效。

2. 灵活性

网络教学可以突破传统课堂对授课时间、授课地点及班容量的限制。这就给学生最大限度地提供了学习的灵活性。

教师可通过网络媒体的转播直接给学生授课,学生也可适时地接受教师的讲课与辅导。教师可事先将授课内容制作成电子教案,把授课过程录制成录像并存放于教学网站上。这样,学生可以在任何地方及任何时间,以自己的学习方式,根据自己的实际情况来学习教学网站上的内容。学生可以自己掌握学习进度,遇到无法解决的问题时亦可通过网络向教师、同学或其他专家请教。网络教学使学习成本明显降低,学习效率大大提高。

3. 多样性

在多媒体技术不断进步和计算机网络带宽不断提高的双重条件下,多种信息媒体,包括文字、音频和视频在内,完全能够在网络中拥有较高的传输质量。这点对外语网络教学来说无疑是非常有利的,它能够对学生的各个语言感官进行反复训练和刺激,因此也能使学生在听、说、读、写、译多种技能方面得到全面提高。

由于以互联网为基础的外语教学集网络多媒体技术与虚拟现实技术于一体,因此,在互联网上可轻松建立起虚拟图书馆、虚拟实验室、虚拟教室、虚拟课堂等。这类虚拟的网上学习场所可为学生提供多层面、全方位的学习资源与立体化、动态化的学习环境,这种教学方式不仅不必局限于教师所给予的教学资源,也不必拘泥于固定的学习场所,从而真正让学生从被动学习转向主动学习。换句话说,学生的选择变多了,自主性也提高了。

4. 便捷性

对于传统的远距离教学,教师对学生的学习效果进行评价是一件非常费时、费力与费财的苦差事,当然,就更不用说学生对自己的学习进行自我评价了。而通过网上的电子授课系统、电子题库、电子考试系统、电子管理系统以及电子评估系统,一方面,教师可轻松地对学生的学习活动和学习过程进行监督,对学生的学习效果进行及时快捷的评价。另一方面,学生也可以及时得到与自己学习相关的反馈信息,及时"诊断"自己的学习过程、学习内容、学习方法以及所取得的学习效果。这样,学生就能够适时调整自己的学习方式、学习内容与学习进度,并及时地与其他学习者进行必要的交流。

5. 易于选择

在学习的过程中,每个学生对知识点的掌握情况是不同的。在这种情况下,不同学生对于视听训练的侧重点也会有所差异。这就对外语视听教学环境提出了要求,即客观上要能够满足不同学生、不同学习阶段对不同训练内容的选择要求,促进以学习者为中心的新的教学模式的展开。

在传统的以教师为中心的外语视听教学训练环境中,学生只能跟着老师安排的进度进行学习,老师放什么内容,学生就练什么内容,基本上没有自主选择训练内容或训练重点的权利,这样就限制了学生学习个性的发挥及对有针对性的训练内容的选择。而在网络外语教学环境中,这一问题就可以得到很好的解决。由于外语教学中的文字、音频及视频资料都是在网页中以超链接方式组织在一起的,学生可以根据自己的实际情况,自主而灵活地选择所需要的学习内容。这样的变化,对于学生的自主性及积极性都有很好的促进作用。

## 三、改革教学内容和教学方法

### （一）教学内容的改革

在跨文化交际视野下，课堂教学应主要帮助学生建构个性化的英语语言体系。

英语教学改革的目的是提高英语语言能力。语言学习包括输入和输出两个方面，具体来说，包括听、说、读、写、译五种技能。这五种技能关系密切，相辅相成。支配着这五种技能的是英语语言体系。英语语言体系是一个有机系统，包括语音、词汇、语法、文化、语境等要素。

因此，在跨文化交际视野下的英语课堂教学的内容要力求科学、全面地揭示语言体系要素及要素间的关系，在教师的指导和帮助下，学生通过自主学习加以掌握；在听、说、读、写、译等语言实践中理解、体验和验证英语语言体系与体系各要素之间的有机联系，从而实现英语语言知识的内化，使学生真正掌握技能和方法。

建构个性化的英语语言体系具有可能性和可操作性，但是还需要一定的时间来全面实现。教师运用功能语言学、认知心理学等现代语言教学理论的最新研究成果充分研究教学内容和教学对象，把英汉两种语言进行比较，重新归纳、整合英语语言规则；教师将教学目标进行分解，将之细化成有机的英语语言知识体系。在此基础上，教师指导学生对照详细的教学目标盘点自己现有的英语知识和具备的英语能力，帮助他们设计个性化的指标体系。

### （二）教学方法的改革

英语教学方法有很多，如语法翻译法、直接法、听说法、交际法等。这些教学方法都是不同时期不同教学理论的产物，是一定的历史条件下为达到某种特定教学目的的产物。不可否认的是，它们都曾对外语教学理论和实践的发展做出了巨大贡献，有的直到现在仍被广泛使用。

最近几年，一些新的教学方法从国外不断被介绍引进，从一定程度上拓宽了英语教师的视野，也给英语教学注入了活力。但是，一些教师在英语教学法的研究和实践中陷入了一些误区。一些教师为了赶时髦，将所有的传统教学法全盘否定一味地推崇新的教学方法。要知道，当今世界上并不存在一种能适应各种情况的万能教学法。外语教师应该博采众长，取长补短，为己所用。要根据具体情况，根据课堂需要，运用各种教学法中最有效、最适用的部分，逐步形成具有个人特色的教学方法体系。

归根结底，教学方法改革的最终目的是建立轻松和谐的课堂氛围，从而促使学生积极思考，真正提高教学效果。要建立轻松和谐的课堂气氛，可以从三个方面做起。

1. 课堂提问

课堂提问对促进学生积极参与课堂教学，活跃课堂气氛，不断提高外语教学水平具有重要的作用。教师要想利用好课堂提问，需要注意充分了解学生的语言基础，运用启发式的教学方法，正确对待学生犯的错误。

2. 运用多样化的教学方法

如果一堂课下来教师都是一个语调，采用一种教学方法，学生难免会走神，无法全神贯注地听教师的讲解。因此，教师应根据教材的不同体裁及内容，交替使用各种教学方法，这样才能调动学生积极进行思考，提高学习效率。充分发动学生参与讨论，调动学生发言的积极性，始终保持课堂气氛的活跃，这样学生在不知不觉中就提高了学习的兴趣，效果显著。此外，教师要尽量使用直观教具。直观教具不仅可以使外语教学过程变得生动、形象、直观，加深学生的印象，强化学生的记忆，而且容易引起和保持学生的学习兴趣，最大限度地调动学生的学习积极性。

3. 英语游戏和英语竞赛法

兴趣在学习中起着十分重要的作用，是学生乐于钻研的强大动力。而英语竞赛、游戏在这方面具有显著的优势。英语竞赛、游戏既可以增加学生学习英语的兴趣和信心，还有助于培养学生开口的习惯和能力。同时游戏又可以缓和课堂的紧张气氛，消除学生的疲劳感，形成轻松和谐的课堂氛围。此外，课前及课间休息时教师可以给学生播放一些优美的英语歌曲，简单的歌曲还可以要求学生掌握歌词，进行歌词填空小游戏。但是，教师要明白，这些游戏的设置是为了辅助英语课堂教学，不能单纯为了游戏而游戏，偏离了教学的初衷。

## 四、改革课堂教学用语

英语课堂教学用语是重要的教学资源。正确、恰当、有效地使用教学用语不仅能让学生得到一定量的语言输入，还能营造一个良好的课堂教学氛围，激发学生学习的主动性与互动性。近年来，随着英语教学的不断发展以及教育理念的更新与师生关系的变化，英语课堂教学用语也随之变化和更新，概括来说，有以下三个趋势。

## （一）趋于多元化

随着经济全球化的发展及各国之间交往的频繁，英语作为世界性的语言，在世界范围内的使用迅速扩大，日益频繁，并且趋于多元化。

传统的英语教学基本上以英国英语作为标准语，教师的英语课堂用语也以英国英语为主。但这种情况已不断发生变化，美语、加拿大语、澳大利亚语从社会语言的观点来看，都属于英语的一种表现形式，在实际生活中，我们会发现很多以英语为本族语的人们都在使用美语、澳大利亚语等，这也就表明，美语、澳大利亚语等语言进入课堂也是一种必然的趋势。如"Sure，OK"等美语日常用语作为英语课堂教学用语已得到了广泛认同。

## （二）趋于简化与通俗化

语言趋于简化与通俗化是英语语言发展的一大特点。在非正式场合，尤其在口语中，"大"词逐渐被"小"词所替代，句子也越来越简短。在英语教学用语中也同样存在这样的现象与特点。

## （三）由命令转变为要求、建议与希望

随着教学的发展，师生关系已经变得越来越像朋友，教师不再对学生使用僵硬的命令语气发号施令，代之以对学生提出建议、要求与希望。也就是说，教师的课堂教学用语已经从之前的教师向学生发送单向指令转变为师生互动式的商量与讨论。例如：

① Don't use your dictionary.

② I（would） prefer you not to use a dictionary.

① I don't want to see any books open.

② Would you close your books，please?

① Turn to the next page.

② Let's move on to the next page.

上面三组例句中的①都是传统英语教学中经常使用的教学用语，不难看出，其语气比较生硬，命令的意味很浓；例句中的②都是当代英语课堂中经常采用的教学用语，其中明显地表明了教师向学生提出建议、要求与希望的意图。经常运用这种委婉表达建议、要求与希望的话语，有利于缩短教师与学生之间的距离，从而在学生与教师之间形成一种和谐的交流氛围，也有利于减轻学生的压力。但是这并不意味着①就是陈旧的用语，在教学用语中不能使用，如果能在整个教学过程中保持师生的平等关系，偶尔使用这样的话语也是可以的。

由此可见，课堂教学用语的改革并不表明要完全排除传统的教学用语，而是要增加体现当代教学理念的用语，以使英语教学用语更加完善和丰富，也有助于建立良好的师生关系。

## 五、改革考试形式

目前英语考试主要以笔试为主，但是对于一些项目的考查有一定的局限性，应该进行改革。概括来讲，要多进行一些阶段性的考试，下面就以听力和口语考试为例来进行说明。

### （一）听力考试改革

听力考试改革可以从以下几方面进行。

1. 设置多样题型

听力阶段性测验的题型具体可以分为听单词和词组；听句型和句子；听对话，听课文或短文；听小故事或小幽默等。这样的设置使不同程度的学生都能进行测试。

2. 准备多套试题

不同的班级答不同的题，同一班级的试题可以分为A、B卷，并注意安排好座位，避免学生之间的抄袭，保证考试的公平、公正和严肃性。

3. 随堂考试

有时读，学生听写；有时放录音，学生按题中要求完成试题；有时学生听电脑里的资料，然后回答问题。同时，平常进行听力考试，题型也应比综合考试时多，因为时间可以更长、更灵活。另外，这种阶段性测验范围小，学生们的注意力容易集中，而且听力效果也不错。

### （二）加强口语考试

教师根据学生学过的知识准备多套试题。常见的试题类型包括以下几种。

第一，读出50个单词或词组，然后译成汉语。第二，读一段课文并译成汉语。第三，读课文译成汉语，然后用英语回答教师提出的问题。第四，读课文找出本课的语法并说明。第五，用英语复述课文。第六，用课本中学过的单词、词组和语法口头造句，同时变成同义句。

这样的阶段性测验有利于提高学生的英语口语表达能力，也考查了学生的基础知识和基本技能，另外还可以锻炼学生的心理素质和应变能力。

## 第二节　英汉文化差异下英语教学的发展趋势

### 一、英语教学越发注重文化教学

文化教学的重要性主要体现在以下四个方面。

一是避免不当的社交语用。这种语用失误常出现在对人的称呼和问候方式上。如何称呼一个人，实际上要受当时交际环境的制约，如何种场合（正式或非正式）交际双方的关系亲疏等。一般来说，在正式的交际场合称呼方式也比较正式，在非正式的交际场合或比较亲密的交际双方之间，人们一般采用较随意或亲昵的称谓方式。

二是避免文化失误。中国人喜欢对初来乍到的西方人给出善意的建议和提醒，但是西方人仿佛并不领情，他们认为这是对他们的判断力和智商的怀疑。而中国人的过分谦逊也让西方人不知所措，中国人很少心安理得地接受赞美，当西方人由衷地夸奖时，中国人往往会说"No，not at all."，而不是"Thank you very much."。

在我国，表示对某人健康状况的关心，总是用一些带有劝告性的话语，如"You should put on more clothes."这样的劝告语气在以英语为母语者看来犹如家长对小孩说话时的口吻，这样的表达让他们不舒服。这样的失误反映出语言学习者的文化背景与价值取向。对此，我们不应当只是武断地指责其为"错误"而强行加以纠正。更好的方式是通过教师的引导、语言学习者间的讨论，帮助学习者了解目的语文化与其母语文化的区别，以促进跨文化交际中两种文化间的理解与交流。

三是避免不同价值观的冲突。西方人常常抱怨中国人侵犯他们的隐私。"隐私"是中国人很难把握的一个概念，因为西方人眼中的隐私在中国人看来是完全可以公开的信息。欧美人在普通谈话之际，除了非常亲近的亲人和密友外，是不喜欢触及个人问题的，比如年龄、职业、收入、婚姻状况、家庭成员的情况等。还有一些中国人司空见惯的问题在他们看来也属于个人隐私，是不愿意告知他人的。例如，"你要到哪里去""你去干什么""你吃饭了吗"等刨根问底的问题是最令西方人反感的。

四是避免文化定式。中国人对于西方人和西方的文化有很多已经定型的错误理解。比如，有些人认为所有美国人都喜欢摇滚乐，所有美国人都很富有，所有美国人都喜欢吃麦当劳的快餐。实际上，西方文化中的人同其他文化的人一样是形形色色的，过度的定型化会使我们在学习外国文化的过程中一叶障目，忽视了整个森林的博大和丰富。

## 二、英语教学越发注重全面发展

英语教学要着眼于学生的全面发展，首先要坚持人本主义的教学理念，充分发挥学生的主体作用，注重学生的全面发展，培养学生持续学习的能力。在教学过程中，教师要注意激发和培养学生的学习兴趣，帮助学生树立自信心，形成有效的学习策略，养成良好的学习习惯。

一直以来，英语教学中总是侧重让学生掌握英语知识，而忽视学生的精神世界。实际上，学生的社会责任感、严谨的治学态度、积极的情感都直接影响他们的英语学习。作为教师，在英语教学中要尊重学生，注重情感教学。

情感教学的前提就是尊重学生。情感教学最关键的就是形成和谐的课堂气氛。要创造和谐的课堂教学气氛，首先要尊重学生，给他们以成功的机会。在教学中，教师要尽可能地为学生提供学习空间，让不同的学生在学习过程中获得乐趣，获得满足感与成就感。只有让学生感觉在课堂上不断有所收获，学生的学习兴趣与积极性才会与日俱增。

## 三、英语教学越发注重多媒体信息技术的应用

多媒体用于英语教学有很多的优势。在今后的英语教学实践中，我们要充分利用多媒体的多重优势，设计与之相应的教学活动，通过语言环境的创设和语言知识的输入及运用，使外语教学由单向知识传授向多维信息互动传播转变。

### （一）创设语言环境

语境对语言学习至关重要，它是语言赖以生存和发展的环境，也是语言运用的环境空间。从含义上讲，语境有狭义和广义之分。狭义的语境是指语言中的上下文语境，即词语或句子所存在的具体话语；广义的语境是指语言的客观环境，即语言的社会文化背景。从语言学习的环境看，语言环境可分为宏观的语言环境和微观的语言环境。宏观的语言环境是指自然的语言环境（家庭和社会），微观的语言环境是指课堂语言学习环境或氛围。一般情况下，人们可以在自然状态下学习运用语言，即通过各种形式（亲友、同事相处，日常工作交往，各种社会活动的参与等）和多种媒介（电视、报纸、广播等）自然习得语言。

中国的英语学习者大多缺乏宏观语言环境熏陶,教师应精心创设较为真实的语言环境,通过语境化语言输入帮助学生感知、理解语言。语境化输入是指通过创造合适的语境向学生输入语言材料,让学生从语言生成的背景和语言交流的语境来理解语言,从而真正掌握语言的规律,得体地使用语言。

多媒体集多种功能于一体,表现力强,其图文并茂、声像俱佳的特点能为学习者提供大量较为自然真实、生动形象的语言信息以及与之相匹配的情境信息,使学习过程生动有趣;可以多层次、多角度地呈现教学内容,对学生视听感官形成共同刺激,为其学习提供必要的支持条件,使学生在情境与语言输入之间建立联系,促进他们对知识的理解和掌握。

在英语教学过程中,教师可根据学生的年龄特点、认知水平和语言学习规律,选择适宜的媒体和形式,通过任务情境的创设提供丰富的语言环境,从而使学生获得有用的语言知识和技能。

## (二)增加语言输入和运用机会

学习的最终目的就是运用。英语作为一门实践性很强的学科,包括口头交流和书面语言的交流。要想使学生对英语运用自如,首先必须给学生提供足够的、可理解的语言输入,让学生在感知语言的过程中掌握语言知识,为语言的运用奠定基础。

首先,运用多媒体进行英语教学能在有限的时间内增加语言的输入量,并为学习者提供实践的机会。教师可以充分利用这些丰富的资源为学生提供真实语料,使学生根据自己的情况(学习程度、兴趣爱好等)选择相关资料进行超文本自主阅读;也可以采取任务型阅读方式促使学生阅读,即给学生规定一定的阅读量或让学生做阅读后续活动(如阅读理解、要旨归纳、故事简述等),通过大量的语言接触增强学生的语感和阅读能力。

其次,教师可以选择电影、电视节目片段,并通过多种播放方式(如定格观看、无声观看、只听不看等)加深学生对语言信息的领会,令他们轻松愉快地感悟语言的真实运用,掌握基本语言知识;也可以根据特定的情境设计拓展型练习,在情感交流、思想表达的过程中扩大语言的输入与输出量,最终提升学生的语言运用能力。教师还可以利用电子幻灯、投影等媒体展示语言信息及背景,展示时一边放映,一边有针对性地进行启发、诱导和讲解,通过画面和声音的有机结合,激发学生积极思维,帮助学生理解、掌握语言知识。举例来说,英语教学中的一个重要方面——文化教学就可以利用多媒体使原本枯燥的学习变得生动和深刻。教师可以搜集、存储、编辑相关文化知识,并以多种形式呈现给学生,让他们通过对比中西文化的异同进一步探究文化的深层内涵。

## 四、英语教学越发注重培养学生的综合语言运用能力

英语教学的目标是要培养学生的综合语言运用能力。当然,不同学习阶段的目标是有层次的。而目前英语教学存在的一种现象是不少教师仍然把英语课作为纯知识课,这是教学的一个误区。由此导致的课堂教学只是用来传授知识,而缺乏能力训练。学生过早地被一些语法规则所困扰,感觉不到英语学习的趣味。

学习必要的语言基础知识对于英语学习是有帮助的,它是形成能力的基础。因为语言基础知识是语言能力的有机组成部分,是发展语言技能的重要方面。但是不能把学习语言基础知识作为课堂教学的唯一目的,不能把英语课上成语言知识课。有人甚至认为,培养学生运用英语的能力不需要传授语言基础知识,把知识与能力对立起来,这种认识显然是不对的。

此外,英语教学一定要注重培养学生的心理因素。心理因素不仅是影响英语学习的重要因素,也是人的发展的一个重要方面。学生只有对英语学习抱着积极的态度,主动参与,善于配合,乐于进取,才能一直对英语学习有热情,才能把英语学好。

学习动机是影响学生学习英语的首要心理因素,而对英语学习的态度、兴趣和情绪则是促使学生产生英语学习动机的最核心因素。学习态度是指学生对英语的评价及其相应的学习行为倾向;学习兴趣是指学生在英语学习中表现出来的积极探究的认知倾向;学习情绪是指学生在英语学习过程中所具有的心理体验。因此,在英语教学中,教师一定要激励学生的学习动机,提高学生的学习兴趣。

# 参考文献

[1] 陈丽萍. 基于任务型教学法的英语教学研究与改革 [M]. 北京：中国原子能出版社，2016.

[2] 任文林，张雪娜，郑伟红. 新时期高校大学英语教学研究 [M]. 成都：电子科技大学出版社，2017.

[3] 吴婷，刘潜. 交际文化与基础英语教学研究 [M]. 长春：东北师范大学出版社，2017.

[4] 郑侠，李京函，李恩. 多元文化视角下的大学英语教学研究 [M]. 北京：知识产权出版社，2018.

[5] 罗俊，李树枝，侯丽梅. 基于高效课堂视角下的英语教学研究 [M]. 青岛：中国海洋大学出版社，2019.

[6] 许丹丹，陈蕊. 功能语言学与英语教学研究 [M]. 长春：吉林大学出版社，2019.

[7] 薛少一，李轶. 基于跨文化交际的大学英语教学研究 [M]. 长春：东北师范大学出版社，2017.

[8] 魏雪超，马腾，刘东燕. 文化融合思维与英语教学研究 [M]. 北京：中国商务出版社，2019.

[9] 林琳. 跨文化教育视阈下的大学英语教学研究与实践 [M]. 北京：中国原子能出版社，2019.

[10] 朱丽. 多模态话语理论与英语教学研究 [M]. 石家庄：河北人民出版社，2019.

[11] 杨雪飞. 多元文化视域下的大学英语教学研究 [M]. 北京：北京理工大学出版社，2019.

[12] 赵晓峰. 信息技术环境下的英语教学研究 [M]. 天津：天津科学技术出版社，2019.

[13] 霍然. 跨文化英语教学研究 [M]. 长春：吉林出版集团股份有限公司，2019.

[14] 张健堃. 跨文化交际英语教学与研究 [M]. 北京：冶金工业出版社，2019.

[15] 杨海霞，田志雄，王慧. 现代高职英语教学研究与实践探索 [M]. 长春：吉林人民出版社，2019.

[16] 徐道平，王凤娇，赵卫红. 互联网时代下高校英语教学研究 [M]. 长春：吉林人民出版社，2019.

[17] 杨红杰. 大学英语跨文化交际能力培养对策分析 [J]. 福建茶叶，2020（03）：430.

[18] 郑纯，陈龙. 基于翻转课堂理念的大学英语跨文化沟通教学探索 [J]. 校园英语，2020（14）：29-30.

[19] 李娜. 大学英语教学中的跨文化意识培养分析 [J]. 作家天地，2020（07）：50-51.

[20] 高旭峰. 试论大学英语教学中文化意识的培养 [J]. 校园英语，2020（18）：5-6.

[21] 钱庆. 大学英语教学中学生跨文化交际能力的培养研究 [J]. 校园英语，2020（20）：12.

[22] 于晶. 大学英语教学中文化自信培养的策略 [J]. 校园英语，2020（21）：23.

[23] 梁静. 大学英语听力教学的跨文化思辨能力培养 [J]. 海外英语，2020（10）：137-138.

[24] 张晓兰. 大学英语教学中文化融入教学的重要性 [J]. 试题与研究，2020（17）：97.